CW00470263

COUTUMES DE DOMBES.

TRÉVOUX.
IMPRIMERIE DE VEUVE DAMPTIN.
1854.

COUTUMES DE DOMBES

Extrait du recueil intitulé: *Bibliotheca Dumbensis*. 384 pp. de [illegible]

(C.)

Trévoux. — Imprimerie de veuve DAMPTIN.

Les coutumes de Dombes que nous donnons ici n'ont jamais été imprimées, sauf quelques fragments épars que l'on rencontre dans le Glossaire de Ducange.

Ces coutumes, rédigées par des seigneurs, unique exemple de cette nature, forment un monument précieux de l'histoire et de la législation du moyen âge, relativement à certains effets du domaine direct du seigneur, et surtout en ce qui concerne la condition des taillables, de leurs femmes et de leurs enfants.

Louis Aubret, conseiller au Parlement de Dombes, a fait un commentaire abrégé de ces coutumes. Nous ne saurions rien faire de mieux que de reproduire, en regard de chaque article, le travail de ce savant compatriote, *vir clarissimus* (1), comme disaient les continuateurs de Ducange, en parlant de lui.

La copie sur papier que nous possédons, la seule qui existe à notre con-

---

(1) « Non reticendus nobis est vir CLARISSIMUS LUDOVICUS AUBRET, qui Dumbarum Principatus historiam dum adornat, plurima studiosè perlustravit tabularia, ex quibus quæ in rem nostram occurebant diligenter exscripsit, et nobis perurbanè communicavit. (DOMINORUM BENEDICTORUM PRÆFATIO AD NOVAM EDITIONEM GLOSSARII. D. DUCANGE) ».

naissance, est, sauf l'interversion de quelques articles, littéralement conforme à celle qu'avait Aubret, comme on peut en juger par le commentaire qu'il a fait. Nous avons dû donner la préférence à la disposition des articles de notre copie, en ce qu'ils sont tous signés, à la fin, par le notaire Hugues Chapuys, qui a constaté les coutumes, sous la dictée des seigneurs de la Dombes.

Notre copie est du commencement du XVe siècle. Elle est dans un bon état de conservation, à l'exception de la partie supérieure altérée par l'humidité, non pas toutefois de manière à ne pouvoir être déchiffrée, car elle a été parfaitement lue et transcrite par M. M.-C. Guigue, jeune élève de l'école des chartes de Paris, qui, pendant nos deux mois de féries, nous a secondé dans notre travail avec un zèle aussi éclairé qu'animé de l'amour du pays.

Trévoux, 25 octobre 1851.

V. S. (Valent

COUTUMES DE DOMBES.

Pro testare..... prius us..... nobilium virorum infrascriptorum quod pro aliqua.....et facirent, ordinent.... declarent, procurent, vel proponent, quod ipsi non intendunt, nec volunt dicere, facere, ordinare, declarare, narrare, vel proponere ad injuriam neque prejudicium excellentissimi principis domini Imperatoris (1) domini sui, nec alicujus alterius domini sui dictorum dominorum suorum, cujuscunque conditionis existent (2), nisi solum ad conservacionem juris sui et MARCHIE DOMBARUM (3) et alteri dictorum nobilium utantur de bonis USIBUS ET CONSUETUDINIBUS ANTIQUIS dicte Marchie per ipsos nobiles infrascriptos, seu alterum ipsorum pro ut sui predecessores hacthenus fecerunt. — Ita est. HUGO CHAPUYS.

Anno Domini millesimo tricentesimo vicesimo quinto, martis, post festum corporis Christi, juraverunt nobiles et persone infrascripti, primo videlicet domini Guido de Sancto Triverio, dominus de Bello Regardo, Mayolus du Says, Stephanus de Gleteins,

---

(1) IMPERATORIS. L'empereur d'Allemagne qui régnait à l'époque de la rédaction des Coutumes de Dombes, en 1325, était Louis V de Bavière, qui avait succédé, en 1314, à Frédéric III, dit le Beau, et qui mourut en 1347.

(2) CUJUSCUMQUE CONDITIONIS EXISTENT. Les seigneurs de Dombes qui composaient l'assemblée réunie pour constater les Coutumes de leur pays et en faire la rédaction, font ici allusion soit au sire de Villars et au sire de Beaujeu, dont ils ressortaient, soit aux autres seigneurs de la Dombes qui ne se trouvaient pas présents à la réunion.

Le sire de Villars, qui existait à cette époque, était Humbert V de Thoyre-Villars qui avait succédé en 1301 à Humbert IV, et qui mourut en 1331.

Le sire de Beaujeu était Guichard V, qui avait succédé à Louis de Beaujeu en 1296, et qui mourut en 1331.

(3) MARCHIE DOMBARUM. Marchie, Gallice MARCHE. Dans le langage de nos pères MARCHE voulait dire frontière. Ce mot pourrait être pris en ce sens, dans nos Coutumes, si l'on a voulu dire que la Dombes était frontière de l'Empire d'Allemagne. Aussi, les sires de Beaujeu l'appelaient, à cette époque, le BEAUJOLAIS EN L'EMPIRE.

Quelquefois l'on entend aussi par MARCHE un arrondissement de pays. « Chaque arrondissement communal, dit Meyer, désigné en latin sous le nom de VICUS, et connu encore dans plusieurs parties de l'Allemagne sous le nom de MARKT, (d'où les noms de MARCA et MARCHE sont dérivés), était composé de plusisurs hommes libres qui avaient une association d'intérêts distincts de celle de la cité même ! (INSTITUTIONS JUDICIAIRES, t. I, p. 311.) »

Hugo de Beyseins, milites; Johannes de Chaneins, Johannes de Graveins, Josserandus de Laya, Bartholomeus de Laya, dictus........ Guillelmus de Laye, dictus Beguet, Guillelmus du Says, Petrus du Says, dictus de Barbarelle, Aquarius de Taney, Bartholomeus Marziaco, Johannes de Sancto Syphoriano, Philipardus de Colongia de Broces, Joffredus de Bullieu, Peroninus Dars, Hugoninus de Franchelleins, dictus...... Georguectz d'Amareins, domicellus etiam de Challeins, coram Hugone Chapuys, de Chaneins, publico auctoritate imperiali notario, curie domini officialis Lugduni jurato, presentibus discreto viro domino ballivo Montebrisone, legum professore, et Guillelmo Mayolo du Says milite. Item dicta die dominus Philipus ly de Chauz in castro de la Motades, coram dicto notario et jurato presentibus in curia dictis Johane de Chaneins et domino Mayolo du Says. Item die lune post festum quindenam festi nativitatis beati Johannis Baptiste juravit Stephanus Dely de ecclesia de Challeins predict.. coram dicto notario jurato presentibus Stephanus Corcellis et Armando..... Domini Guidonis de Sancto Triverio, testibus ad premissa a dicto notario et jurato nostro, vocatis et rogatis, habere et tenere decetero imperpetuum inter se pro et suis heredibus et successoribus bonam pacem, finem et concordiam, et uti de cetero inter ipsos secundum Deum et justiciam ad bonos usus, mores et consuetudines dicte Marchie Dombarum declarandas per eosdem. Cum omnes supra dicti nobiles elegerint omnes, unanimes et concordes dictum dominum Guidonem de Sancto Triverio, dictum dominum Mayollum du Says, milites, Hugoninum de Franchelleins, dictum Georguiet de Amareins, et Johanem de Chaneins, ad declarandum usus et consuetudines predictos, et dederint eisdem quatuor electis omnes supra dicti nobiles plenam, generalem et liberam potestatem, et mandatum speciale, declarandi consuetudines et usagia dicte Marchie Dombarum supra dictas; ita tamen quod nullus ipsorum et dicti juramenti, alterum ipsorum non precurrat nec precurrere possit ullo modo nisi prius requisitis quatuor electis supra dictis sub pena......

Hec sunt consuetudines et usus Marchie Dombarum consuete, aprobrate et notorie que debent declarari in dicta Marchia Dombarum rebus obscuris, per nobiles Marchie Dombarum, seu per quatuor electos supra dictos, vel per alterum ipsorum ad consilium sapientum; quequidem consuetudines et usus dicte Marchie Dombarum sunt per dictos nobiles declarate coram dicto notario jurato secundum deum et justiciam pro ut in declarationibus infrascriptis continetur. — Ita est. HUGO CHAPUY.

« Les seigneurs de Dombes se promirent avec serment les uns et les autres qu'ils maintiendraient entr'eux la paix et l'union, et qu'*ils observeraient à l'avenir, selon Dieu, les bons usages, mœurs et coutumes de la Marche ou pays de Dombes, suivant qu'ils seraient réglés et reconnus* par Guy de Saint-Trivier, seigneur de Beauregard; Mayeul du Saix, chevaliers; Hugonin de Franchelins, Georges d'Amarins et Jean de Chaneins, damoiseaux.

« Les seigneurs qui firent serment, outre les cinq ci-dessus, furent Etienne de Gleteins, Hugues de Bezeneins, Jean de Gravins, Josserand de Laye, Barthelemy de Laye dit Minet, Guillaume de Laye dit Beguet, Guillaume du Saix, Pierre du Saix, seigneur de Barbarel, Aquarius de Taney, Barthelemi de Marzé, Jean de Saint-Symphorien, Philippe de Collonges de Broces, Geoffroy de Bullieu, Peronin d'Ars, Philippe-le-Déchaussé de la Mottadet, et Etienne d'Esli de Chalins ; ils déclarèrent tous *que ce qu'ils faisaient n'était que pour la conservation de leurs droits dans les Marches ou limites de Dombes.*

Collet, dans ses *Status de Brèsse* (liv. I, pag. 157 et liv. III, partie deuxième, p. 45.), prétend que lorsque les comtes de Savoye reconnoissoient encore l'autorité des Empereurs, ils ne prétendoient sur les seigneurs de Bresse qu'une supériorité de protection et d'honneur ou empruntée comme vicaire de l'Empire : mais il est très-certain que les Princes de Savoye, les Dauphins de Viennois, M. de Beaujeu et de Baugé avoient tous une vraye supériorité sur tous les vassaux qui demeuroient dans l'étendue de leurs Châtelenies ou grandes Seigneuries, soit pour recevoir les dernieres apellations des hommes de leurs vassaux, soit pour les obliger à les suivre à la guerre pour le bien commun du pays et pour la défense de leurs Châtelenies ; ce qu'ils faisoient en leur nom et non comme vicaires. Aussi y voit-on qu'outre l'Empereur, ces Seigneurs exceptent leurs propres seigneurs, comme devant leur obéïr, et ne pouvant rien faire à leur préjudice. Nos Souverains avoient dès ce tems-cy presque le même pouvoir sur leurs vassaux que les Roïs avoient alors sur les biens, et que l'Empereur et les Electeurs de l'Empire l'ont encore à présent sur les Princes et Seigneurs de l'Empire ; car l'on n'avait pas encore porté les droits des souverains aussi loin qu'on les a porté quelques siècles après celuy-cy.

La protestation faite par tous ces Seigneurs que leurs alliances et leurs coutumes ne pourroient nuire à l'Empereur fait voir que l'on reconnoissoit encore son autorité en ce pays, comme en quelque manière supérieure à celle des souverains, quoiqu'ils n'eussent qu'une ombre d'autorité. Les Notaires y prenoient cependant presque tous la qualité de Notaires impériaux, et c'est celle que prenoit Hugues de Chapuis qui reçut l'avis des seigneurs choisis pour déclarer les usages de Dombes dont voici la traduction en abrégé.

I.

Et primo quod quilibet nobilium predictorum et juramenti predicti inter se cognicionem habeant hominis sui taillabilis, in quocumque loco et in quacumque parte sit detentus, seu etiam arestatus, et in casu predicto, unus dictornm nobilium dictum hominem captum, seu arestatum alteri remictere tenetur, pro justicia facienda ; nisi dictus homo taillabilis captus sit in patenti forefacto franchesie (1). — Ita est. HUGO CHAPUYS.

« Le premier article porte que les gentilshommes de ce serment auront chacun la connaissance des crimes et délits de leur homme taillable, en quelque lieu qu'il ait été arrêté, et que le sei-

(1) Les taillables de la Dombes étaient hommes de poursuite, et toujours justiciables de leur seigneur.

Quoique par l'article 17 de nos coutumes, le taillable puisse se placer dans la franchise d'un autre seigneur, sous la condition qu'il abandonnera tous les biens qu'il possède en QUELQUE DOMAINE OU JURIDICTION qu'ils soient situés, cependant il arrivait parfois que les seigneurs faisaient stipuler dans les reconnaissances des terriers que leurs taillables ne pourraient pas se placer sous la protection ou sauve-garde d'un autre seigneur.

Ainsi, dans un terrier de Juis de 1106, Pierre, fils de Michel Rey, de Saint-Didier-de-Formans, reconnaît, au profit de Guillaume Grolée, damoiseau, seigneur de Juis, qu'il est son homme taillable, exploitable à toute miséricorde ; qu'il doit faire guet, tailles et corvées, en quelque lieu qu'il aille demeurer, soit dans l'EMPIRE, soit dans le ROYAUME, soit dans les villes, cités, franchises ou sauvegardes ; y renonçant sur son serment prêté sur l'Evangile, sous l'obligation de tous ses biens qu'il affecte et hypothèque à cet effet, et sous l'obligation même de sa personne POUR POUVOIR ÊTRE EMPRISONNÉ EN QUELQUE LIEU QU'IL SOIT PRIS, HORS LES LIEUX SACRÉS.

gneur qui l'aura fait arrêter sera obligé de renvoyer cet homme à son propre seigneur, à moins que ce taillable n'eût été arrêté en flagrant délit dans la franchise du seigneur qui l'aurait fait arrêter.

« La vérité de cet usage est prouvée par deux titres ; l'un est de l'an 1287, où le seigneur de Varambon et notre prince se désistent de ce droit de suite de leurs hommes, et le second est de l'an 1319, où notre prince convient que cet usage se suivra entre lui et l'Eglise de Lyon.

« La franchise dont il est parlé ici était un espace de terrain qui était autour du château du seigneur, où il tâchait d'attirer des habitants ; il y diminuait ordinairement les laods pour mettre les maisons et fonds dans un plus grand commerce, et lorsqu'un taillable y commettait un crime, on présumait qu'il avait voulu insulter le seigneur de la franchise ; et je crois que c'est pour cela qu'on ne renvoyait point, en ce cas, le taillable à son seigneur pour être puni, mais qu'il était jugé par le seigneur de la franchise qui se croyait insulté.

« L'on répète, dans presque tous ces articles, que les usages dont on parle sont observés entre les seigneurs de ce serment; ce qui semble faire connaître que ces usages n'étaient pas observés dans les autres terres de Dombes et de Bresse, sinon dans celles qui étaient possédées par les gentilshommes qui avaient prêté ce serment, et qui s'étaient trouvés dans l'assemblée qu'ils firent; quoiqu'à dire vrai, je crois que les usages qui sont approuvés ici étaient suivis dans presque toute la Bresse.

II.

Item quod si aliquis nobilis dicti juramenti qui suam habeat liberam franchesiam, velit hominem alicujus alterius nobilis acusare quod ipse forefecerit, derelinquerit infra suam liberam franchesiam, et dictus homo accusatus non sit captus in patenti forefacto dicte franchesie, et idem homo acusatus velit negare dicto acusatori dictum forefactum, oportet quod dictus homo acusans dictum hominem acusatum conveniat, seu etiam prosequatur coram domino cui homo acusatus est homo tailliabilis; et si dictus acusator potest dictum hominem acusatum coram domino suo convenire (1) legitime de dicto forefacto dicte franchesie, in illo casu dominus dicti acusati debet et tenetur dictum hominem acusatum remictere domino dicte franchesie, in illo forefacto suo merito pugniendo(2). Et si casus emergebat, seu accidebat quod dominus dicte franchesie caperet seu arestaret hominem tailliabilem alterius, antequam ipse homo esset acusatus, aut dictus dominus dicte franchesie vellet dictum hominem acusare, et ipso homine capto seu arestato in dicto carcere prisione acusaret, et dictus acusatus non esset captus in forefacto, in illo casu dictus acusator debet et tenetur dictum hominem acusatum reddere et remictere illi cui dictus homo acusatus, est, erit, seu fuerit homo tailliabilis; et ipso homine acusato

(1) Lisez CONVINCERE.

(2) Ducange, V° TALLIABILIS, donne le texte de cette première partie de l'article 2 de nos coutumes de Dombes, et ils ajoute : « In articulo vero 12, dicitur, QUOD OMNIS FRANCUS CUJUSCUMQUE HOMO SIT, PUNIETUR IN QUO FOREFECERIT, SECUNDUM JUS ET RATIONEM, SCILICET ILLI QUI NON DEBENT MANUM MORTUAM. Ex quibus patet FRANCUM hominem in loco, ubi delictum commissum fuerat, judicatum fuisse. TAILLABILEM vero apud dominum proprium, et non in loco delicti, nisi fuisset in ipso delicto deprehensus et in FRANCHESIA LIBERA ».

reddito et remisso domino suo per dictum acusatorem, dictus acusatus debet et tenetur dictum acusatum coram domino suo convenire (1) de dicto forefacto, nonobstantibus his, quod ille dominus, cui dicta franchesia esset, diceret seu alligaret quod dictus homo acusatus esset captus seu arestatus in patenti forefacto. — Ita est. Hugo Chapuys.

« Le deuxième article porte que si le gentilhomme qui a une franchise libre, veut accuser l'homme d'un autre gentilhomme de quelque forfait commis dans sa franchise, que l'accusé n'ait pas été pris en flagrant délit, et qu'il veuille nier le crime dont on l'accuse, qu'il faut le poursuivre pardevant son seigneur, et si l'accusé est convaincu par l'accusateur du crime qu'on lui imputait, le seigneur de l'accusé doit le renvoyer au seigneur de la franchise où il a commis le délit, pour y être puni suivant l'exigence du crime.

« Que si cet accusé avait été arrêté par le seigneur de la franchise, sans que cet homme eût été pris en flagrant délit, il fallait encore qu'il le renvoyât à son seigneur pour le convaincre de son crime pardevant lui, après quoi le criminel était renvoyé à la franchise pour y être puni.

« Les seigneurs regardaient les homme taillables presque comme les Romains avaient regardé leurs esclaves ; ils avaient intérêt de les conserver comme leurs biens, et c'est pour cela qu'ils en voulaient faire la justice eux-mêmes.

III.

Item et si aliquis homo tailliabilis cujusdam nobilis dicti juramenti occideret seu interficeret hominem tailliabilem cujusdam alterius nobilis dicti juramenti, dictus homicida debet pugniri per manum domini sui, scilicet per manum illius domini cujus dictus homicida est homo tailliabilis, et in quocunque loco, et in quacunque parte dictus homicida esset captus, seu arestatus ; idem homicida debet reddi et remicti domino suo, nisi ita esset quod dictus homicida dictum homicidam fecisset in franchesia ; et si ita esset quod dictus dominus dicti homicide vellet eidem homicide homini suo taillabili dare, concedare, seu perdonare, aut quitare mortem suam, seu pugnimentum corporis sui, idem dominus dicti homicida hoc potest facere, si vellit ; hoc salvo et retento, quod dictus homicida concordet cum domino cui dictus homo interfectus seu mortuus esset homo tailliabilis, amicis et parentibus dicti mortui. Et si dominus cui dictus homicida esset homo vellet dicto homicide alio modo mortem dicti interfectoris dare seu perdonare, in illo casu dominus cui dictus interfectus esset homo tailliabilis potest et debet in quocumque loco dictum homicidam, si potest, cappere detinere et arestare pro suis meritis pugniendum, sine alia remissione ipius homicide facienda. Et si forte dictus homicida ratione dicti homicidii aliquod malum faceret, vel perpetraret, et quod dominus ipius homicide dictum homicidam sine causione ydonea expediret, dominus dicti homicide in illo casu tenetur emendare omnia dempna que dictus homicida faceret ocasione homicidii predicti. Et si contingeret quod dictus homicida evaderet casu fortuito, sine aliqua gracia, et alius dominus nobilis caperet ipsum homicidam, quod in illo casu remictere tenetur domino ligio, et debet credere simplici (2). — Ita est. Hugo Chapuys.

(1) Le fragment de cet article, rapporté par Ducange, v° Tailliabilis, porte convincere, qui convient mieux que le mot convenire de notre copie.

(2) Dans notre copie on lit : simplici, au lieu de juramento qui se trouvait sans doute dans la copie d'Aubret, d'après sa traduction.

« L'article troisième ordonne que si l'homme taillable d'un seigneur a tué celui d'un autre seigneur, l'homicide soit puni de la main de son propre seigneur, et qu'il lui soit renvoyé en quelque lieu qu'il soit arrêté, à moins qu'il n'ait fait l'homicide et qu'il n'ait été arrêté dans la franchise du seigneur de l'homicidé; que si le seigneur du taillable qui a tué veut faire grâce à son taillable et lui donner la vie, il le pourra s'il le veut, en convenant avec le seigneur du taillable qui a été tué et avec les parents et amis du défunt.

« Mais si le seigneur qui a accordé la vie à son taillable et auquel on s'était fié pour les amendes et pour les réparations, ne fait pas payer le seigneur ou les parents du défunt, en ce cas, le seigneur du défunt pourra faire arrêter le meurtrier en tous lieux et le faire punir suivant ses mérites, sans être obligé de le renvoyer à personne.

« Que si le meurtrier qui avait été arrêté, a été élargi sans donner bonne et suffisante caution, et qu'il fasse quelques maux pour raison de son homicide, son seigneur devra l'amende, et il sera tenu de tous les dommages et intérêts, pour tous les maux que cet homicide fera.

« Que si ce taillable s'évade des prisons par hasard et sans la faute du seigneur, ce seigneur n'en sera pas tenu; et, en ce cas, si quelqu'autre seigneur vient à faire arrêter cet homicide, il sera obligé de le renvoyer à son seigneur lige, que l'on en croira à son serment sur cette évasion.

« Cet article fait voir quel était le pouvoir que les seigneurs de Dombes avaient sur leurs hommes, et qu'on y suivait encore, en 1325, une partie des anciennes lois saliques et ripuaires, qui permettaient de racheter les meurtres et homicides à prix d'argent; car la loi salique voulait que l'homme libre qui avait tué un homme franc ou barbare, payât 8000 deniers ou 200 sous; et, moyennant cette somme, il avait la vie sauve. La loi des ripuaires le décidait de la même manière; celle des Bourguignons condamnait les homicides à la mort, mais comme elle permettait aux Français et aux Romains de suivre la loi qu'ils voudraient embrasser, il faut que les seigneurs de Dombes eussent choisi la loi salique sur l'article des homicides, pour en faire leur usage (1).

IV.

Item est declaratum quod si aliquis nobilis homo dicti juramenti habeat suam justiciam, seu suum directum dominium in quadam pecia terre (2), et aliquis alter nobilis dicti juramenti habeat partem, seu iter publicum tendentem de domo sua ad illam justiciam, et ille dominus nobilis qui suam voluerit facere justiciam, ipsam justiciam facere possit, et debet sub tali condicione et forma quod nullus alter nobilis non possit nec debeat aliquod contrarium ponere, vel facere in dicta justicia facienda; hoc etiam certo, quod dictum iter

---

(1) Notre savant compatriote fait ici une confusion évidente au sujet de la loi Salique, de la loi Ripuaire et de la loi des Bourguignons. Nulle part cette dernière loi ne donne le droit de choisir la loi sous laquelle on voulait vivre; particulièrement aux Français qu'on ne peut placer sous le premier royaume de Bourgogne.

Du reste, il est vrai de dire que la féodalité avait conservé un grand nombre d'usages ayant leur source dans les coutumes des peuples qui avaient conquis les Gaules au ve siècle. Sans se ranger à l'avis de ceux qui prétendent d'une manière absolue que la féodalité, essentiellement complexe, n'était qu'un développement et le jeu régulier des institutions germaniques, on ne saurait méconnaître pourtant que, même encore aujourd'hui, plusieurs coutumes ont une origine qui remonte à ces institutions. Nous avons, au surplus, dans nos pays, des textes authentiques du moyen âge qui témoignent de la persistance formelle, en certains points, des coutumes Burgondes maintenues et consacrées au XIVe siècle dans des chartes communales. Ainsi, dans les priviléges de Lagnieu et de Saint-Maurice-de-Rémens, concédés, les premiers en 1309, et les seconds en 1369, on lit: « Il sera dû une pite (quart de denier) en bonne monnaie, pour chaque bélier ou brebis, pris en contravention pendant le jour; s'ils sont surpris pendant la nuit, l'amende sera payée suivant l'ANCIENNE COUTUME DES BURGONDES. »

(2) PECIA TERRE. « Modus agri, quomodo etiam vulgo dicimus, PIÈCE DE TERRE. (DUCANGE, V° PETIA TERRÆ.) »

publicum per quod dictus nobilis iret, seu tenderet suam facere justiciam, aliquis alter nobilis haberet partem in dicto itinere (1). — Ita est. HUGO CHAPUYS.

« Par l'article quatrième, il est déclaré que si un gentilhomme a sa justice ou son domaine direct sur une pièce de terre, et qu'un autre gentilhomme en ait une autre partie ou un chemin public allant de sa maison à cette justice, que le seigneur qui voudra faire exercer sa justice le pourra, sans que l'autre gentilhomme s'y puisse opposer, quand même cet autre seigneur aurait une partie du chemin dans lequel on passerait pour aller faire faire l'exécution.

« Cet article était nécessaire parce que les fourches patibulaires des seigneurs sont presque toutes fort éloignées de leurs châteaux, et que n'y ayant anciennement presque point de justice des seigneurs limitée, il fallait nécessairement qu'un seigneur passât par les terres des autres seigneurs ses voisins, pour y mener les criminels. Ainsi cet article était nécessaire pour éviter les difficultés qui pourraient arriver entre les seigneurs qui auraient pu contester le passage sur leurs terres, et ceux qui auraient pu prétendre à une juridiction sur les terres des autres seigneurs, en vertu de ce passage, difficultés que cet article prévient; l'on peut encore remarquer que cet article et plusieurs autres ci-après ne font point de différence entre le *domaine direct* et la justice du seigneur, et que les seigneurs prétendaient par là avoir justice sur tous les fonds de leur domaine, ou qui relevaient d'eux.

V.

Item est declaratum quod omnes nobiles dicte Marchie Dombarum et dicti juramenti suum habeant directum dominium (2) infra suam terram dicte Marchie Dombarum, in quocumque loco et in quacumque parte ipsi nobiles habeant terram infra dictam Marchiam Dombarum, et quod ipsi possint et debeant uti, et exercere et exercicium facere in dominio suo, et in terra sua predicta, talem qualem ipsi nobiles voluerint, et eisdem et cuilibet eorumdem placuerit voluntati. Et si ita esset quod aliquo iter publicum vel viollet (3) iret,

---

(1) Sous la féodalité, les juridictions n'étaient pas nécessairement circonscrites dans un territoire fixe, délimité et contigu, et n'avaient pas un caractère essentiellement réel.

En Dombes, les seigneurs exerçaient la justice dans toutes leurs terres; elle était liée au domaine direct, comme nous le voyons par l'article 5 qui suit.

Souvent des terres étaient enchevêtrées dans d'autres seigneuries, en sorte que pour y arriver, il fallait de toute nécessité prendre passage chez d'autres Seigneurs; d'où la disposition de l'art. 4.

Joignez à cela que les Seigneurs posaient toujours les fourches patibulaires, destinées aux exécutions de la justice, sur les confins les plus reculés de leurs seigneuries, comme pour indiquer les bornes jusques aux quelles s'étendaient leurs puissance et leur juridiction; ce qui explique cette clause que, parfois, dans nos pays, l'on rencontre dans des titres de l'époque : L'OMBRE DU PATIBULAIRE OU DES FOURCHES NE POURRA S'ÉTENDRE, NI COUVRIR EN AUCUNE MANIÈRE LA TERRE ET LES LIEUX EN DEHORS DE LA JURIDICTION. (Voir : Lateyssonnière, t. IV, p. 124).

(2) DIRECTUM DOMINIUM. Le domaine direct est un droit de supériorité sur un fonds, sans le droit de la propriété utile; tel est le domaine que le propriétaire d'un héritage s'est réservé dans l'aliénation d'une partie de sa terre, soit à titre de fief, ou d'emphytéose, ou de cens ou censives.

On reconnaissait, sous notre ancien régime, deux sortes de seigneuries publiques: la souveraineté qui appartenait au prince, la juridiction et l'autorité qui appartenaient au seigneur.

Souvent un seigneur possédait des propriétés faisant partie du domaine direct d'un autre seigneur, sur lesquelles dès lors celui-ci avait juridiction et droit de suzeraineté. Chez nous, d'après nos Coutumes, il n'en était pas ainsi. Les seigneurs avaient toujours le domaine direct et la supériorité dans toutes les propriétés leur appartenant dans la Marche de Dombes.

(3) VIOLLET. « Violetum, Violetus, diminut, a. VIOLUS.

seu tenderet per terram alterius nobilis, in illo casu tantum quantum dictum iter publicum durat in terra illius nobilis, dictum iter publicum debet esse illi nobili, et si dictum iter publicum tendebat in terras duorum hominum nobilium, dictum iter publicum debet esse inter ipsos duos nobiles de communi, seu communiter, scilicet tantum quantum illa communitas terrarum durat et non ultra. — Ita est. HUGO CHAPUYS.

« L'article cinquième déclare que tous les gentilshommes de la Marche ont leur domaine direct dans leur terre, en quelque endroit de cette Marche qu'elle soit située; et qu'ils y peuvent faire toutes sortes d'exercices qu'ils voudront (ce qui s'entend, à mon avis, de toutes sortes d'exercices de la justice), dont parle l'article précédent, et que s'il y a un chemin ou violet dans la terre d'un seigneur, ce chemin est au seigneur dans toute l'étendue de sa terre; et que si ce chemin allait le long de la terre de deux seigneurs, il devait être commun entre ces deux seigneurs autant que leurs terres durent et non plus loin.

« Les chemins n'appartiennent plus aujourd'hui aux seigneurs, à moins qu'ils n'aient justice limitée; le souverain en paraît être en possession. Cette coutume et plusieurs autres titres que j'ai vus, leur attribuaient cette justice, à moins que ce ne fût un grand chemin.

VI.

Item est declaratum quod quilibet nobilis dicte Marchie Dombarum et dicti juramenti posset et debeat saisire, seu saisiri facere, per se, vel per alium, ejus nomine, infra terram, fondum, fructus, vallores, exitus (1) et proventus, super hominem seu homines tailliabiles alterius nobilis, infra terram que movet ab eodem nobili; tamen condicione apposita, quod ille qui fregit dictam saisinam teneatur et debeat illi domino qui dictam saisinam aposuerit, seu aponi fecerit, dare, reddere et solvere sexaginta solidos fortium novorum, ratione et ocasione dicte saisine fracte, supra fructibus supra quibus dicta saisina fuerit apposita. Et si dicti fructus non valleant dictos sexaginta solidos fortium novorum, quod ille qui dictam saisinam positam haberet, seu poni fecisset, per se, vel per alium, dictos sexagenta solidos fortium novorum, pro et nomine dicte saisine fracte, levare, habere et recuperare possit integre et perfecte super fondum dicte terre, et etiam illud propter quod dicta saisina esset apposita ad justiciam quorumcumque. Et si ita esset quod ille homo qui rumperet seu frangeret dictam saisinam esset homo tailliabilis cuicumque nobili, quod ille homo tailliabilis teneatur et debeat solvere et reddere dictos sexaginta solidos fortium novorum ratione dicte saisine fracte, et illud propter quod dicta saisina

---

Eodem intellectu. Consuetud. Dombenses. MSS. Ann, 1525 : SI ITA ESSET QUOD ALIQUOD ITER PUBLICUM SEU VIOLET IRET SEU TENDERET PER TERRAM ALTERIUS NOBILIS, ETC. Terrarium Castellio Domb. ann. 1403 : VIOLETUM TENDENS DE LURCIACO AD PARTEM BELLAVILLÆ EX OCCIDENTE. Terrarium Bellijoc. JUXTA VIOLETUM TENDENS AB ECCLESIA SANCTI MAMERTI AD MANSUM DE LA CORTABLIZ. Pluries ibi Inquisitit. ann. 1496, in tractu Dombarum : GUILLERMUS VITERII DEPONIT SE NOSCERE METODUM SEU SENTERIUM DE QUO AGITUR, QUI METODUS SEU VIOLETUS, ET VIA AD PEDES... EST COMMUNIS ET PUBLICA. (DUCANGE. V° VIOLETUM. »)

(1) EXITUS. « Proprie dicuntur EXITUS, Reditus annui, vel alia terrarum commoda quæ exeunt et proveniant ex re aliqua, ut fructus terræ, et exitus tenementi. (DUCANGE V° EXITUS.) »

esset apposita ad justiciam quorumcumque, nisi dominus terre sibi faciat graciam specialem de dictis sexaginta solidis fortium. — Ita est. HUGO CHAPUYS.

« Suivant l'article sixième, les gentilshommes pouvaient faire saisir les fonds et les fruits des terres qui étaient de leur mouvance et censive, quoiqu'elles fussent possédées par des hommes taillables d'un autre seigneur de la même marche et du même serment; que si quelqu'un empêchait et rompait la saisie, il devait soixante sols forts d'amende au seigneur de l'autorité duquel la saisie avait procédé, et cette amende se devait prendre sur les fonds ou sur les fruits, ou sur les autres biens de l'infracteur, à moins que le seigneur ne lui en fît grâce; outre l'amende, les infracteurs des saisies devaient payer la somme pour laquelle la saisie enfreinte avait procédé.

VII.

Item est declaratum quod si aliquis homo tailliabilis alicui alteri homini qui sit homo tailliabilis cujuscunque nobilis ingagiat, seu acensat, seu pro pignore et nomine cense tradit et concedit de terris, pratis, nemoribus, seu de possessionibus suis, per unum per duos, tres, quatuor et per plures annos, et dominus de cujus directo dominio dicte res inpignorate seu acensate movebunt, in dictis rebus et possessionibus saisinam aponat per se, vel per alium, ejus nomine, ad justiciam quorumcumque, ille homo qui dictam saisinam fregit, teneatur et debeat dare, reddere et solvere illi domino qui dictam saisinam posuerit, seu aponi fecerit per se, vel per alium, LX[ta] solidos forcium novorum super fructibus illius anni, in quo dicta saisina esset apposita, si fructus illius anni dictam summam pecunie vallebant; et si fructus illius anni quo dicta saisina esset apposita dictam summam pecunie non vallebant, quod ille dominus qui dictam saisinam posuerit seu aponi fecerit, posset et valleat se solvere de dicta summa pecunie ratione dicte saisine fracte supra dictis fructibus et possessionibus de fructibus et exitibus dictarum rerum ingagiatarum, seu acensatarum, per tempus subsequentem, quod ipse debet tenere et habere dictas res et possessiones. Et si forte ille homo qui dictas res teneret in pignore, seu nomine cense, non debebat amplius tenere easdem res et possessiones nisi illo anno quo dicta saisina esset aposita; in dictis rebus et possessionibus quod ille ectiam homo qui dictam saisinam fregeret, teneatur et debeat dictam summam pecunie reddere et solvere, vel saltem restituere locum, seu rem usque ad vallorem et summam dicte summe pecunie. Et si ita erat quod ille homo qui dictam saisinam frangeret, esset homo franchus (1) cuicumque, quod ille dictam summam pecunie solvere teneatur, et illud propter quod dicta

(1) « FRANCHUS, Liber, immunis ab oneribus et præstationibus servilibus. Charta Lud. X. Reg. Franc. ann. 1315...

« At vero inter homines FRANCOS alii censum de capite debebant atque talliæ erant obnoxii, alii ab ea liberi et immunes erant. Primum docet Edictum Pistense cap. 28: Ut illi Franci qui censum de suo capite vel de suis rebus ad partem regiam debent, etc. Alterum aperte innuunt consuetudines Marchiæ Dumbarum art. 12 : OMNIS FRANCUS, CUJUSCUMQUE HOMO FRANCUS SIT, PUNIETUR IN DOMINIO IN QUO FOREFECERIT SECUNDUM JUS ET RATIONEM, (SCILICET ILLI FRANCI QUI NON DEBENT MANUM MORTUAM DUCANGE, V° FRANCHUS.) »

saisina esset aposita ad justiciam quorumcumque, et si contingeret quod aliquis homo dictorum nobilium vendebat aliquas res vel fructus rei per alios duos annos subsequentes, quod dominus rei possit habere et levare medietatem laudarum et medietatem vendicionum ab emptore de duobus primis annis et aliis duobus ultimis annis. — Ita est.

HUGO CHAPUYS.

« L'article septième déclare que si un homme taillable a engagé ou affermé quelques uns de ses fonds à un autre taillable pour une, deux, trois ou plusieurs autres années, et que le seigneur de ces fonds les fasse saisir à la requête de qui que ce soit, que celui qui aura enfreint la saisie paiera l'amende de 60 sols forts neufs au seigneur qui aura fait apposer la saisie de l'année, au cas qu'ils vaillent cette somme, et que s'ils ne la valent pas, il s'en paiera sur les fruits de l'année suivante, et que si la cense ou engagement finissait l'année de la saisie, qu'il paierait cette amende; il la paierait sur les autres biens, ou qu'il serait obligé de vendre la chose jusqu'à la valeur de soixante sols.

« Que si c'est un *homme franc* qui ait enfreint la saisie, il paiera de même les soixante sols et la somme pour laquelle la saisie avait été faite.

« Que si l'homme d'un de ces seigneurs vend quelque chose ou les fruits de la chose, pour deux ans, et qu'ensuite il les vende pour deux autres années, le seigneur de la chose pourra avoir et lever la moitié des laods et la moitié des ventes de l'acheteur des deux premières années et des deux secondes.

« Les amendes que l'on prononce contre les infracteurs des saisies étaient imposées pour empêcher les voies de faits qui étaient très-ordinaires dans un temps où tous les seigneurs se faisaient la guerre les uns et les autres, et où tous leurs hommes étaient leurs soldats et tenus de les suivres dans leurs petites guerres. Ces voies de fait étaient cause que les habitants se mettaient sous la garde et sous la protection des seigneurs, et se soumettaient aux redevances dont nous avons parlé très-souvent.

« Cet article parle des hommes francs qui étaient fort distingués des taillables, et dont nous aurons lieu de parler plus au long.

« Les milaods pour une ferme de quatre ou cinq ans ne sont plus d'usage. L'on en pourrait demander, si la ferme était pour plus de dix ans, parce qu'elle serait regardée comme une vente déguisée, auquel cas les laods seraient dus en entier, comme d'une vraie vente.

VIII.

Item est declaratum quod si aliquis homo tailliabilis vel non tailliabilis, cujuscumque condicionis existat, custodit seu custodiri facit in prato alicujusque alterius, talleys, blado seu tremesio (1), boves, vaches, seu alia animalia, de nocte, quod duo boves, seu due vaches, aut duo alia animalia, solvere et reddere teneantur illi domino, in cujus dominio dicta animalia essent capta, in sex libris viennensibus bonorum lugdunensium pro banno et racione banni dictorum animalium (2), et in emanda parti, vel dicta duo animalia cujuscumque condicionis existant. Si autem dicta animalia essent capta et non essent servata, quod dicta animalia, quod ille vel illi cujus vel quorum dicta animalia essent, teneantur solvere et reddere dicto domino in cujus dominio dicta animalia essent capta quatuor-

---

(1) TREMESIUM. Gallice TREMOIS, quod alii vocant LES MARS, ex eo, quod MARTIO MENSE SERITUR.

(2) « BANNUM. Pœna et mulcta pecuniaria, qua quis banni seu legis infractor punitur.

« BANNUM ANIMALIBUS, Mulcta quæ pro animalium damno imponitur. (DUCANGE V° BANNUM.) »

decim solidos forcium novorum pro quolibet jugo animalium ratione banni, nonobstantibus aliis consuetudinibus quibuscumque. Et si ita esset, quod custos dictorum animalium recederet seu recessam faceret quoquo familiari seu familiaribus domini de cujus dominio dicta animalia essent capta, quod ille dominus, cui ille qui dicta animalia recederet esset homo, vel in quocumque dominio esset, teneatur et debeat reddere et restituere dicto domino, in cujus dominio dicta animalia essent capta, dicta animalia, vel illum hominem qui dicta animalia recesserit, aut septem solidos fortium novorum racione dicto recesse unacum banno supradicto. — Ita est. HUGO CHAPUYS.

« L'article huitième déclare que si un homme taillable ou mainmortable, de quelle que condition qu'il soit, garde ou fait garder, pendant la nuit, des bœufs, vaches ou d'autres animaux dans des prés, des bois-taillis, du blé ou trémois de son voisin, il doit être condamné, pour raison du ban ou d'infraction qu'il aura fait aux défenses du seigneur, en six livres viennoises, bonnes lyonnaises, pour deux bœufs, deux vaches où deux animaux, et aux dommages et intérêts de la partie, ou délivrer les deux animaux ; que si l'on ne gardait point le bétail pris dans les fonds d'autrui, le maître du bétail ne doit payer au seigneur, sur les terres duquel le betail aurait été trouvé, que quatorze sols neufs et forts pour chaque joug pour le banc ; nonobstant toutes autres coutumes, que si le berger ou garde de bétail le reprenait sur les gens du seigneur en la terre duquel ce bétail avait été arrêté, le seigneur de ce berger doit le rendre à l'autre seigneur, ou lui payer sept sols forts neufs pour l'amende de cette recousse ou enlèvement, avec l'amende ci-dessus.

IX.

Item est declaratum quod nullus possit nec debeat se excusare de banno supradicto, nisi esset homo qui haberet pratum contiguum illi prato in quo dicta animalia essent capta, ... dictum pratum debent clausuram et dicta clausura non esset sufficiens. — Ita est. HUGO CHAPUYS.

Suivant l'article neuvième personne ne peut être déclaré exempt de cette amende, si ce n'est celui qui aurait un pré contigu à celui dans lequel le bétail aurait été pris, que le voisin neût pas tenu assez clos.

X.

Item est declaratum quod quisquis homo, cujuscumque condicionis existat, qui custodit animalia de die in prato, tailleys, blado, tremesio, vel yeimnali, quod ille custos teneatur domino in cujus dominio dicta animalia essent seu fuerent capta, in septem solidis viennensibus pro quolibet jugo animalium, et sic de singulis aliis duobus animalibus ; et si dicta animalia non fuerent servata, quod ipse teneatur et debeat reddere et solvere pro quolibet jugo, seu quibuslibet duobus animalibus, tres solidos viennenses dicto domino, et in emanda parti ; et de animalibus minutis, scilicet de qualibet capra et quolibet porco sex denarios viennenses, et in emanda parti ; et si reperierentur aliqua animalia in alio nemore, quam in tailleys, debet sex denarios viennenses pro qualibet bestia, de die; de nocte debet duodecim denarios viennenses; et in pasquerio illud idem de animalibus; ovibus ab uno ad septem nichil debet; et ulterius debent septem solidos viennenses. — Ita est. HUGO CHAPUYS.

« L'article dixième veut que celui qui garde son bétail dans les fonds d'autrui ci-dessus spécifiés, pendant le jour, soit obligé, de payer au seigneur, dans la terre duquel il les garde et où le bétail a été pris, trois sols viennois pour chaque joug de bétail; que si l'on ne gardait pas le bétail, il doit payer trois sols par joug et l'amender envers la partie; et pour les petits animaux, comme chèvres et porcs, il doit six deniers pour chacun au seigneur, et l'amender envers la partie; que si l'on trouve du bétail dans d'autres bois que les taillis, on paiera six deniers viennois pour chaque animal, pendant le jour, et douze deniers pendant la nuit, et autant si c'est dans le pâturage d'autrui; pour les brebis, depuis une jusqu'à sept, l'on ne devait rien; si l'on en prenait davantage, l'amende était de sept sols.

« Comme le bétail est un des principaux biens de la souveraineté, l'on a toujours été fort soigneux de conserver les pâturages qui lui sont nécessaires; l'on conservait aussi les blés hivernaux et trémois. Les seigneurs avaient des messiers ou gardes qui y veillaient et qui arrêtaient les bestiaux de ceux qui faisaient du mal dans les fonds d autrui; et les grosses amendes qu'ils imposaient, obligeaient les bergers à mieux garder leurs troupeaux qu'ils ne le font à présent.

XI.

Item est declaratum quod quilibet homo cujuscumque condicionis existat qui chasset in guarena cujuscumque nobilis de nocte, quod ipse chaciator seu venator teneatur et debeat solvere illi nobili, in cujus garena chaciaverit in sex libras vienenses bonas, vel perdere, seu admictere pugnum(1); et si ipse chaciator est homo tailliabilis ejusdem nobilis, quod ipse nobilis, cujus erit homo, amputetur sibi pugnum, vel quod solvat alio dictas sex libras vienenses; et si ita sit quod ipse chaciet de die in dicta garena, quod ipse teneatur solvere domino in cujus garena chaciaverit sexaginta solidos vienenses bonorum, vel perdere seu admictere pugnum. — Ita est. HUGO CHAPUIS.

---

(1) Ducange rapporte textuellement cet article au mot CHASSIARE, mais sans l'accompagner d'aucune explication. En voyant que, suivant cet article, le seigneur devait couper lui-même le poing de son taillable qui avait chassé dans la garenne d'un autre seigneur, ou payer à celui-ci six livres viennoises, nous étions porté à penser que notre copie présentait peut-être quelque faute donnant lieu à une pareille interprétation. Mais la traduction d'Aubret, et d'autre part le texte fourni par Ducange sont parfaitement conformes à notre copie.

Quelques fussent les mœurs de notre pays au XIVe siècle, on s'explique difficilement que les seigneurs aient pu transcrire dans les Coutumes de Dombes un usage qui leur imprimait, à ce point de vue, un caractère d'exécuteurs, quoiqu'on puisse penser que ce fut un moyen d'assurer le paiement de l'amende qu'ils ne devaient ainsi jamais manquer d'acquitter,

Jadis le droit de chasse n'appartenait qu'aux seigneurs. Dans divers pays, comme en Angleterre, la chasse était défendue sous peine de mort. Mathieu Paris, sur l'an 1232, en la vie d'Henri III, loue la modération du roi Richard, qui s'était contenté de bannir un particulier qui chassait depuis longtemps dans ses plaisirs, au lieu que les rois ses prédécesseurs ne craignaient pas de détruire pour ce sujet l'IMAGE DE DIEU. Saint Louis fit punir d'une amende rigoureuse Enguerand de Coucy, pour avoir fait pendre deux jeunes flamands qui avaient poursuivi des lapins jusques dans la forêt du roi.

« L'article onzième déclarait qu'un homme, de quelque condition qu'il fût, qui chassait de nuit dans la garenne d'un seigneur, devait payer six livres viennoises bonnes au seigneur, ou avoir le poing coupé; que si c'était un homme taillable, son seigneur devait payer les six livres d'amende, où couper lui-même le poing à son homme; que s'il chassait de jour, il devait payer trois livres ou avoir le poing coupé.

« La peine que cet article disait d'être d'usage, fait voir combien les seigneurs étaient jaloux de la conservation de leurs garennes. Ces peines ne sont plus aujourd'hui en usage; l'article trente-un, qui est ci-après, parle de la chasse dans les terres des seigneurs et hors leurs garennes.

XII.

Item est declaratum quod omnis franchus in quocumque casu quod ipse forefaciet, alicujus ipse homo franchus sit, pugnietur in dominio, in quo ipse forefaciet, secundum jus et rationem, scilicet illi franchi qui non debent manum mortuam (1). — Ita est.

HUGO CHAPUYS.

« Par l'article douzième, les hommes francs qui ne devaient point la main-morte, devaient être punis par le seigneur du lieu où ils commettaient un crime; de quelque seigneur que fût cet homme franc, il devait être puni pour son crime selon le droit et la raison. Cet article met ici une différence entre l'homme franc, le taillable et mainmortable; car, quoique l'homme franc fût soumis à un seigneur, il ne lui appartenait point comme l'homme taillable dont la personne et les biens étaient plus au seigneur qu'ils n'étaient à ce taillable, comme nous le verrons dans les articles suivants: Je crois que l'homme franc ne devait que le service de la guerre, et qu'il n'était sujet ni à tailles ni à corvées.

XIII.

Item est declaratum quod nullus homo tailliabilis cujuscumque condicionis (2) existat,

---

(1) Voir la note de l'art. 7.

(2) CUJUSCUNQUE CONDICIONIS. Ces expressions témoignent qu'il existait en Dombes plusieurs conditions de taillables. En effet, il y avait la taillabilité personnelle, celle qui affectait la personne NÉE taillable. Il y avait ensuite la taillabilité réelle, RATIONE MANSI; c'était celle qui résultait de la possession de fonds ayant le caractère de TERRE DE MAIN-MORTE. Ainsi, par un terrier de Trévoux du XVe siècle, on voit, d'après les reconnaissances qui y sont consignées, que plusieurs habitants de Reirieux s'y déclaraient HOMMES LIGES, JUSTICIABLES ET DE MAIN-MORTE.

Il y avait encore dans notre pays un genre de taillabilité qui n'existait nulle part; c'était celle du taillable par moitié. TAILLIABILIS PRO MEDIETATE SUI. Ducange s'en explique ainsi : « Notandum est conditio hominis taillabilis pro medietate sui, cujus fit mentio Charta anno 1371, 2. Martii ex Schedis D. AUBRET : Bernardus Mitod de Vanens recognoscit se esse hominem ligium, quittum, justiciabilem, expectabilem et taillabilem pro medietate sui et suorum hæredum, sine reclamatione alterius domini Baronis vel superioris, et tenere de directo dominio Antonii de Saxo domino Barbarelli domum.... sub servitio et taillia amoisonata... una cum laudibus, vendis, recognitionibus in loco debito, dimidiam corvatam ad usus et consuetudines Dumbarum et non se reclamare in medietate sui pro alio domino nisi pro dicto Antonio du Saix, renuncians omnibus franchesiis, etc. »

Enfin, nous avions en Dombes des FIEFS-LIGES. En 1301, Gouvet, de Mizériat, près Thoissey, damoiseau, prit en fief et CAZEMENT-LIGE, du prieur de Saint-Pierre de Mâcon, la POYPE de Mizériat. — En 1311, Hugonin de la Franchise, près Chalamont, reconnut tenir du FIEF-LIGE du seigneur de Beaujeu, sa maison de la Franchise avec toutes ses appartenances, fiefs et arrière-fiefs.

non possit nec debeat in aliena curia respondere, neque renunciationem facere ullo modo, que possit domino suo terreriali, cujus est homo tailliabilis, in aliquo prejudicium generare, neque nullum mutuum facere, nec fidejubere, nec fidejussionem facere, nisi de speciali mandato domini sui, secundum consuetudines villani servi (1) ; nec res, seu possesiones dicti domini sui tailliabiles, nec servicii franchi obligare, nisi de voluntate domini sui. — Ita est. HUGO CHAPUYS.

« Aucun homme taillable ne peut, selon l'article treizième, se présenter ou répondre dans une autre cause ou juridiction qu'en celle de son seigneur ; il ne peut faire aucune renonciation qui puisse nuire au seigneur de sa terre, et duquel il est homme ; il ne peut emprunter ni être caution, si ce n'est du mandement spécial de son seigneur, suivant la coutume d'un serf villageois, il ne peut pas obliger les biens et possessions qui sont taillables de son seigneur, ni celles qu'il possède de son cens et servis-franc et sans charge de taillabilité, sans le consentement de son seigneur terrien.

« Si cet article était observé à la rigueur en 1325, il me paraît que ces taillables étaient de vrais esclaves (2), puisqu'ils ne pouvaient disposer d'aucun immeuble, ni pas même engager leurs fonds francs de main-morte, quoiqu'ils eussent pu acquérir ces fonds francs sans le consentement de leurs seigneurs. Les seigneurs prétendaient que ces taillables ne pouvaient pas les aliéner ; mais ces fonds francs ne devenaient pas taillables par la possession que le taillable en avait, comme quelques personnes l'ont prétendu.

---

(1) SECUNDUM CONSUETUDINES VILLANI SERVI. Les vilains étaient les censables. « Nous appelons, dit Beaumanoir, villenage, héritage qui est tenu du seigneur à cens, ou à rente, ou à champart (chap. XV.) » Le vilain était l'homme serf qui tenait héritage de serve condition ou mortaillable d'un seigneur. C'était le main-mortable RÉEL qui habitait la Manse, MANSUM, sive MANSIONEM, que dans quelques coutumes, l'on appelait MANSUARICS, Mansonnier. En Bourgogne, l'habitation que tenait le main-mortable se nommait le MEIX. En Dombes et en Bresse, c'était la MANSUM ou MANSIONEM, d'où le nom de MAS qui existe toujours dans nos pays, pour désigner un hameau ou une partie de hameau, ce qu'en Auvergne on appelle un VILLAGE.

Le vilain était, comme le main-mortable de condition libre ; VIVET LIBER, disait-on. Dans quelques pays, comme en Bresse et dans le Beauvoisis, il pouvait tester. Toutefois, suivant la coutume de Beauvoisis, le vilain qui était serf d'origine ne pouvait tester PLUS GRAND SOMME QUE CINQ SOUS.

On tint longtemps comme axiome féodal : TOUTES CHOSES QUE VILAIN A SONT SON SEIGNEUR

Les coutumes du serf vilain dont il est question dans l'article 13 des Coutumes de Dombes, CONSUETUDINES VILANI SERVI, consistaient en ce que le serf vilain ou taillable ne pouvait, de même que le main-mortable de Bourgogne, aliéner son héritage qu'aux gens de sa seigneurie et de sa condition. L'article 10 sur les Mains-mortes de la Coutume de Bourgogne, porte : « L'homme de main-morte peut vendre et aliéner son héritage assis au lieu de main-morte, aux gens de la seigneurie et condition d'où il est : et ne le peut vendre à homme de franche condition, ne d'autre seigneurie, si ce n'est du consentement du seigneur de la main-morte. »

Une telle prohibition s'explique naturellement par le caractère et les principes de la féodalité fondée sur une sorte d'association, dans laquelle il était tout simple qu'on ne put pas introduire des éléments étrangers sans l'assentiment du chef de cette association, rien faire qui put engendrer quelque préjudice envers le seigneur. NULLO MODO QUE POSSIT DOMINO IN ALIQUO PREJUDICIUM GENERARE, comme disent les Coutumes de Dombes.

(2 La condition des SERFS MORTAILLABLES de certains pays était bien autrement dure que celle de nos taillables.

« Ceste maniere de gent, dit Beaumanoir, ne sunt pas tout d'une condition, ançois sunt plusors condisions de servitutes. Car li uns des sers sunt si souget à lor segneurs, que lor sires pot penre quanqu'il ont, à mort et à vie, et lor cors tenir en prison toutes les fois qu'il lor plest, soit à tort, soit à droit, qu'il n'en est tenus à respondre fors à Dieu. Et li autre sunt demené plus debonerement, car tant comme ils vivent, li segneur ne lor poent riens demander, s'il ne meffont, fors lors cens et lor rentes et lor redevances qu'ils ont accoustumées à paier por lor servitutes. Et quant il se muerent, ou quant il se marient en franques femes, quanques il ont esquiet à lor segneurs, meubles

XIV.

Item est declaratum quod si aliquis homo seu quecumque mulier, qui sint capti in adulterio in quocumque dominio, et erga dominum quemcumque, de die seu nocte, et ipsi vir et mulier sint de duobus dominiis, si emanda pecuniaria fiat, quod ipsa emanda pecuniaria sit dispertita de communi inter ipsos, et quod quilibet dictorum dominorum habeat medietatem dicte emande, et nisi emanda fiat, quod in illo casu, quod quilibet dictorum dominorum currat, seu tiret suum (1), nisi ita sit quod ipsi essent capti in franchesia, nisi potuerint concordare. — Ita est. HUGO CHAPUYS.

«L'article quatorzième déclarait que si deux personnes étaient prises en adultère dans quelque seigneurie que ce fût, soit de jour ou de nuit, et que l'homme eût un seigneur et la femme un autre, s'ils payaient une amende pécuniaire, qu'elle serait également partagée entre ces deux seigneurs; et que s'ils ne payent pas l'amende, chaque seigneur fera punir son homme, à moins qu'il n'ait été pris dans la franchise d'un seigneur. Nous avons parlé de l'amende des adultères et de leur punition, en parlant des priviléges de la ville de Lent (2); ainsi l'on y peut avoir recours, si l'on veut un plus grand éclaircissement sur cet article.

XV.

Item est declaratum quod quelibet mulier cujuscumque condicionis existat, qui maritum haberet, quod ipsa mulier nollet aut non posset morari cum dicto viro suo, ex quacumque certa causa, quod ipse dominus de cujus dominii dicta mulier esset regressa

---

et héritages ; car cil qui se formarient, il convient qu'il tinent à la volenté de lor segneure. Et s'il meurt, il n'a nul oir, fors que son seigneur, ne li enfant du serf n'i ont riens, s'il ne le racatent au segneur, aussi comme feroient estrange. (Coutumes de Beauvoisis par BEAUMANOIR, tom. II, p. 233.) »

Dans la Dombes, aux termes de l'article 18 de nos Coutumes, le seigneur n'était appelé à recueillir la succession de son taillable, qu'autant que celui-ci ne laissait point d'héritier de son propre corps.

Il ne faudrait pas croire, comme si souvent on l'a répété, que nos taillables étaient des descendants de cette odieuse servitude de l'antiquité qui ne considérait les esclaves que comme une chose, comme une SECONDE ESPÈCE D'HOMMES ; erreur du reste dans laquelle n'est jamais tombé notre savant Aubret. Ce sera, si l'on veut, les héritiers de ces RECOMMANDÉS qui, dès les premiers temps de notre ancienne monarchie, allaient se placer sous le patronnage de quelqu'homme puissant.

Ces Recommandés, quoiqu'hommes de poursuite et de corvées, n'étaient cependant pas considérés comme en état de servitude. Ils pouvaient posséder; ils avaient sinon le plein domaine, du moins le domaine utile.

Telle était aussi la condition de nos taillables qui de même pouvaient, non tester, mais acquérir et transmettre leurs biens à leurs enfants ; et avaient même le droit, comme le Recommandé, chez les Wisigohs, de quitter leur seigneur, pour aller dans une autre seigneurie, en faisant l'abandon de leurs biens.

(1) TIRET SUUM. « Adulteri pœna, cum ad equi caudam vel ad currum alligatus per urbem ducitur. Consuet. Dombens. MSS. ann. 1525. Art 14 : « Si aliquis homo seu quæcumque mulier, qui sint capti in adulterio....... et ipse vir et mulier sint de duobus dominis... .. quilibet dictorum dominorum currat seu Tiret suum. (DUCANGE v° TIRARE.) »

(2) Dans son Manuscrit sur la Dombes, Aubret, en parlant de l'article 28 de la charte de Lent relatif aux adultères explique que, dans nos pays, l'on suivait beaucoup moins les lois romaines dans les peines que les lois Salique et Gombette.

En examinant l'article 45 de la charte de Trévoux, nous avons cru devoir entrer dans quelques développements de plus relativement à l'étrange pénalité que présentent, en cette matière, un grand nombre de chartes communales.

in hereditate sua, si ipsa mulier forefaciat in quocumque casu, possit ipsam pugnire; et ille dominus, cui dictus maritus esset homo; non peteret infra quadraginta dies, qui nollet eam custodire tantum, quod ipse notifficaret domino dicti mariti. — Ita est.

HUGO CHAPUYS.

« L'article quinzième a été si mal copié dans la seule copie originale que l'on a de ces coutumes, qu'il est difficile d'en pouvoir comprendre le sens. Cependant je crois qu'il ordonne que si une femme avait quitté son mari pour quelque raison que ce fût, que le seigneur dans la terre duquel elle serait retournée, à cause de ses biens propres, pouvait la faire punir du crime qu'elle aurait commis, et de sa désertion d'auprès de son mari, à moins que le seigneur de ce mari à qui le seigneur de la femme aurait notifié son crime, ne répétât cette femme quarante jours après cette signification, et qu'il voulût la bien garder, afin qu'elle ne commît plus de crime, ou qu'il la fît punir.

XVI.

Item est declaratum quod si quedam mulier habeat maritum suum in dominio cujusdam nobilis, et ipse maritus moriatur, quod ipsa mulier sit et semper remaneat villana domino dicti mariti sui, quousque ipsa mulier caperet alium maritum, nonobstante hoc, quod ipsa mulier reverteret morari illud unde ipsa venit quum venit cum viro suo. — Ita est.

HUGO CHAPUYS.

« L'article quinzième déclarait que si une femme avait son mari dans le domaine ou seigneurie d'un gentilhomme, et que son mari mourût, cette femme serait toujours villageoise, c'est-à-dire, à ce que je crois, justiciable du seigneur de son mari jusqu'à ce qu'elle se fût remariée, quand même elle retournerait demeurer dans la seigneurerie d'où elle était venue avec son mari, et qu'ainsi elle devait suivre son sort même pendant sa viduité.

« Ces articles font voir que les justices étaient plus personnelles que réelles, même pour les femmes.

XVII.

Item est declaratum inter nobiles predictos et dicti juramenti quod omnis homo tailliabilis alterius domini qui ponat se, seu ponere vellet in franchesia alicujus alterius domini, quod ipse deneget seu reneat dominum suum cujus ipse est homo tailliabilis, quod omnes res, bona et possessiones, que essent ipsius hominis denegantis, in quocumque dominio, seu juridicione ipse homo denegans teneret et possideret dictas res bona et possessiones, sint commisse (1) penitus domino cui ipse erit homo tailliabilis, aut quod se

(1) COMMISSE. « Jure feudorum IN COMMISSUM CADERE dicuntur dominia, quæ ex delicto vassali ad dominum feudi redeunt. . . . .

« Consuetudines Marchiæ Dumbarum art. 17 : Homo taillabilis alterius domini, qui ponet se in franchesia alicujus alterius domini, quia ipse reneat et denegat dominum suum, omnes ejus res et bona Cammituntur domino cujus ille erat homo taillabilis, antequam posi-

poneret sen positus fuisset in franchesia predicta, sub tali condicione et forma, quod ille dominus, cui ipse homo denegans erat homo tailliabilis ante dictam franchesiam, reddat et reddere teneatur domino, de cujus dominio, dicte res bona et possessiones moverent seu existerent ufficientem tenementarium (1) infra annum et diem de manu mortua prout inferius continetur (2). — Ita est. HUGO CHAPUYS.

L'article dix-septième déclare que si l'homme taillable d'un seigneur veut se mettre dans la franchise d'un autre seigneur, et qu'ainsi il quitte et renie le sien, tous les biens de ce taillable, en *quelque domaine ou juridiction* qu'ils soient situés, seraient commis et appartiendraient au seigneur duquel il était taillable, à la charge que ce seigneur serait obligé de mettre hors de sa main et de donner bon tenancier des fonds qui relèvent d'un autre seigneur à ce seigneur, dans l'an et

---

tus fuisset in franchesia prædicta, sub tali conditione, quod ille dominus, cujus ipse homo denegans et renuens erat homo taillabilis ante dictam franchesiam, reddat et reddere teneatur domino, de cujus... dicta bona moverent, sufficientem tenemenfarium intra annum et diem de manu mortua. (DUCANGE V° COMMITTERE.) »

Quoique le texte donné par Ducange diffère du nôtre par quelques mots néanmoins le sens des deux versions est rigoureusement le même.

(1) TENEMENTARIUM, Idem quod TENEMENTUM, in actis Capitularib. Eccl. Lugdun. ann. 1337. Cameræ Comput. Paris, pag. 23.

In Chartis Lugdunesibus, ut nos amice monuit D. AUBRET, TENEMENTARIUM idem sonat quod Codex agrorum vectigalium, nostris vulgo TERRIER. (DUCANGE V° TENEMENTARIUM.). »

(2) Cet article est l'un des plus importants de nos Coutumes. Il montre que nos taillables n'étaient ni esclaves, ni serfs de corps, puisqu'ils pouvaient désavouer leur seigneur.

Le désaveu, c'est-à-dire le droit qu'avaient les mainmortables et les taillables de se placer sous un autre patronage que celui de leur seigneur, pour obtenir la bourgeoisie dans les domaines du roi de France, ou dans toute autre franchise, constitue l'un des grands faits de la féodalité.

C'est ce droit qui fait que les taillables et les mainmortables étaient réputés de condition libre, quoique soumis à la taille et aux corvées à merci et miséricorde. En cela, leur condition était préférable à celle des affranchis Latins, qui, comme nos taillables, n'avaient pas le droit de désavouer leur patron, et de se retirer de sa puissance, même en abandonnant tous leurs biens.

L'on comprend combien le désaveu était fait pour tempérer l'autorité et le despotisme des seigneurs.

Je ne pense pas que, dans nos pays, où nous avons toujours eu une classe de francs ou hommes libres à côté de celle des taillables, la féodalité ABSOLUE ait jamais pesé sur nos taillables avec ce caractère spoliateur qu'elle déploya souvent, en d'autres pays, après Charles-le-Chauve, sous ces règnes défaillants qui laissèrent périr misérablement l'autorité et le droit toujours inséparables l'un de l'autre.

Aussi, ne vit-on jamais la féodalité revendiquer chez nous, ces droits étranges dont parfois l'histoire ou les lois présentent ailleurs d'humiliantes traces. Jamais dans nos contrées le seigneur n'eut la disposition souveraine et absolue des choses, de la terre et de l'homme.

Beaumanoir, dans ses Coutumes de Beauvoisis, a traité la matière du désaveu féodal, avec cette force de bon sens qui est son cachet particulier, et qui toujours s'élève à la puissance du génie.

Suivant la Coutume de Bourgogne, le main-mortable pouvait toujours, comme le taillable de notre Coutume de Dombes, s'affranchir de la main-morte, en abandonnant ses biens à son seigneur. L'article 9 des Mains-mortes est ainsi conçu : « L'homme de main-morte peut désavouer son seigneur, et soy advouer homme franc de mondit seigneur le Duc. . . Et en faisant ledit desaveu, ledit homme doit renoncer à son meix, et autres biens meubles, et héritages, qu'il a sous ledit seigneur, au lieu de mainmorte : lesquels en ce cas sont, et demeurent au seigneur de la main-morte. »

La loi des Wisigoths permettait de même au client de sortir de la dépendance de son patron, en lui laissant tout ce qu'il en avait reçu. SI VERO ALIUM SIBI PATRONUM ELEGERIT, HABEAT LICENTIAM CUI SE VOLUERIT COMMENDARE, etc. (L. Visig., lib. 5, tit. 3, art. 1).... QUICUMQUE PATRONUM SUUM RELIQUERIT, ET AD ALIUM TENDENS FORTÈ SE CONTULERIT, ILLE CUI SE COMMENDAVERIT, DET EI TERRAM. NAM PATRONUS QUEM RELIQUERIT, ET TERRAM ET QUÆ EI DEDIT, OBTINEAT. (ib. art. 4.)

L'article 13 d'un capitulaire donné, par Charles-le-Chauve, en 856, à Kiersy-sur-Oise, permet également aux recommandés, à l'exemple de ce qui se pratiquait chez les Wisigoths, de changer de patron à volonté. SI ALIQUIS DE VOBIS TALIS EST CUI SUUS SENIORATUS NON PLACET, ET ILLI SIMULAT UT AD ALIUM SENIOREM MELIUS QUAM AD ILLUM ACCEPTARE POSSIT, VENIAT AD ILLUM, etc.

jour de l'échûte ou main-morte abandonnée.

« Les seigneurs ne voulaient pas qu'un autre seigneur possédât les fonds mouvants de leur censive, parce qu'ils craignaient apparemment que ces seigneurs ne prétendissent que les fonds ne fussent francs entre leurs mains, suivant l'article cinquième de ces coutumes qui veut que toute terre possédée par le seigneur soit de son domaine et justice. Ainsi je crois qu'un seigneur ne pouvait rien acheter de la terre d'un autre seigneur, sans qu'on le lui affranchît en même temps, et du cens et de la justice de l'autre seigneur.

« Le même article fait voir qu'il fallait que le taillable abandonnât absolument tous ses biens pour se délivrer de sa taillabilité et main-morte, mais qu'il était franc dès qu'il voulait faire cet abandon.

XVIII.

Item est declaratum quod omnis homo tailiabilis cujuscumque condicionis existat, qui moritur seu decedat sine herede vel heredibus, uno, vel pluribus, de suo proprio corpore et legitimo matrimonio procreato vel procreatis, non possit, nec debeat testare, nec dare neque aliquod testamentum clausum, vel apertum, neque donacionem aliquam facere, nec concedere ullo modo, nisi de voluntate, licencia, jussu, et mandato, consilio et consensu domini sui, cujus esset domo, tailliabilis (1). Et ille hominus cujus esset homo tailliabilis ipse mortuus, debet et tenetur reddere tenementarium domino de cujus dominio res, bona et possessiones moverent, seu existerent, infra annum et diem post mortem ipsius hominis mortui, sub tali forma et condicione quod ipsi domini possint et debeant habere de dictis rebus et possessionibus dicti mortui laudes et vendicionem secundum valorem et quantitatem dictarum rerum. Et si forsitam dominus, cujus dictus mortuus esset homo tailliabilis, non rediderat, casu fortuito, tenementarium domino de cujus dominio dicte res et possessiones moverent seu existerent infra annum et diem, ut dictum est, quod in illo casu quicumque dominus possit et debeat capere et ad manum suam ponere illud quod moveret seu existeret ab eodem (2). Et si, illo anno, dominus, cujus esset mortuus homo tailliabilis, acceptabat seu vellet acceptare dictas res et possessiones dicti mortui, ipse dominus, in illo casu, debet et tenetur reddere et solvere omnes costumas et omnia usagia illiusdem anni domino de cujus dominio dicte res et possessiones moverent; et si forte supra rebus et possessionibus dicti mortui essent servicia non soluta, ille dominus qui haberet eschetam debet et tenetur solvere et reddere omnes costumas et omnia usagia dictarum rerum et

(1) L'article 11 de la Coutume de Bourgogne sur les Mains-mortes, porte : « L'homme de main-morte ne peut disposer de ses biens meubles et héritages par testament, n'ordonnance de dernière volonté, sans le consentement de son seigneur. »

Il est à remarquer que la Coutume de Bourgogne ne prohibe que le testament du main-mortable, à la différence de notre coutume de Dombes qui prohibe même la donation du taillable.

En Bresse, suivant Revel, (USAGES DE BRESSE t. I, p. 71 et 83), les taillables pouvaient tester, pourvu qu'ils eussent des enfants ou qu'ils fussent en communion.

(2) L'article 10 de la Coutume de Bourgogne sur les Mains-mortes est ainsi conçu : « Le seigneur de main-morte qui a pris les biens de son homme de main-morte, redevable, ou censable à autrui, qu'il avait lieu franc, en son vivant, est tenu de les mettre hors de ses mains dedans l'an et le jour après le trépas de sondit homme de main-morte. »

possessionum de rebus et bonis mobilibus dicti mortui debet, et tenetur solvere, omnibus dominis de cujus dominio dicte res bona et possessiones moverent, omnia usagia et consuetudines dictarum rerum dicti mortui; et tradito tenementario, ille tenementarius debet venire et in dictis rebus intrare et se domino présentare infra quadringinta dies, concordia et investione faciendis de dictis rebus domino de cujus dicte res et possessiones moverent; si.... predicte res et possessiones essent comisse domino de cujus dominio dicte res seu possessiones moverent seu existerent. — Ita est. HUGO CHAPUYS.

« L'article dix-huitième déclare qu'un *homme taillable*, *de quelque condition qu'il fût*, qui mourait sans héritier procréé de son corps et en légitime mariage, ne pouvait tester ni faire aucune donation de ses biens, sans le consentement de son seigneur; mais que son seigneur en héritait, à la charge de donner un possesseur au seigneur dont les fonds du taillable étaient mouvants, en sorte que les seigneurs des fonds de ce taillable pussent avoir les laods et vente des fonds qui relevaient d'eux; que si le seigneur de ce taillable ne donnait pas un possesseur dans l'an et jour, les seigneurs des fonds qui étaient possédés par le taillable, pouvaient s'en mettre en possession et en faire à leur volonté. Lorsque le seigneur du taillable décédé jouirait des fonds pendant l'an et jour, il *devait payer tous les usages et coutumes de cette année* aux seigneurs dont les fonds relevaient; *et s'il y avait des servis échus* qui n'eussent pas été payés, le seigneur du taillable devait payer *tous ces usages* sur les meubles du défunt; et lorsque le seigneur de ce défunt avait trouvé un possesseur, ce possesseur devait se présenter dans les quarante jours aux seigneurs des fonds, pour s'accorder avec eux des laods et prendre leur investiture; sinon les fonds tombaient en commise et étaient confisqués au profit des seigneurs dont ces fonds étaient mouvants.

« Cet article confirme ce que nous avons dit ailleurs, que les mots d'*usage* et *coutume* signifiaient la même chose que *cens* et *servis*, parce que les cens ne se payaient que par coutume, ce qui prouve leur prescriptibilité par trente et quarante ans; car un seigneur qui a cessé de demander son servis pendant ce temps-là, ne peut dire que ce servis soit un usage, et une coutume, et ces droits se prescrivaient alors comme les autres bans, par les trente et quarante ans de cessation de paiement; car l'on ne pouvait pas dire, après ce temps-là, que le seigneur fût en usage et coutume de recevoir, ni l'emphitéote de payer.

« Cet article fait encore voir que le laod n'était dû au seigneur que pour l'accord ou l'approbation qu'il donnait au nouveau possesseur qu'il mettait en possession par lui ou par ses officiers, ce que l'on appelait investir, comme si le seigneur eût habillé et vêtu l'acquéreur du fonds qu'il avait acquis; car, comme il n'y a rien que nous possédions mieux que nos habits, l'on se servit du mot d'investir une personne d'un fonds, pour marquer qu'on l'en saisissait comme il était saisi de ses propres habits.

« Cet article dix-huit dit: taillable de quelque condition qu'il fût, parce qu'il y avait quelquefois des prêtres descendus des taillables que l'on aurait crus exempts de l'échûte à cause de leur qualité; ce que cet article exclut, à ce qu'il me semble. Il y avait aussi des gentilshommes taillables, dont la condition n'empêchait point l'échûte. Les historiens et les jurisconsultes du Dauphiné remarquent que tous les seigneurs de cette province étaient taillables du dauphin; et qu'Humbert II, dernier dauphin de Viennois, les affranchit de cette taillabilité, à la charge qu'ils en affranchiraient pareillement tous leurs hommes; sur quoi, Guy-Pape, avertit un seigneur qui n'avait pas d'enfants, de ne point exiger ce droit s'il voulait disposer de sa terre. Notre article comprenait donc les seigneurs de Dombes, s'il y en avait quelques-uns qui fussent mainmortables, ce que je ne crois pas, parce que nos fiefs n'étaient que d'honneur et passaient à tous les parents, ce qui n'était pas en tous les cantons du Dauphiné où il y avait des usages différents. Dans un autre endroit.

XIX.

Item est declaratum quod si aliquis homo tailliabilis alicujus nobilis dicti juramenti se maritat in dominio alterius nobilis dicti juramenti, quod omnes liberi seu pueri remaneant domino dicti mariti et terra et possessiones dicte mulieris reman ant domino cui ipsa mulier esset villana, scilicet domino de cujus dominio sunt res tailliabiles. Et si ita erat quod maritus dicte mulieris emisset, suo nomine, aliquas res et possessiones, illa emptio debet remanere et esse pueris seu liberis, si qui sint; et nisi sint alicui pueri seu liberi, in illo casu, dicta emptio dicti mariti debet esse et remanere domino dicti mariti; et si forte dictus maritus habebat aliqua bona mobilia, illum eumdem casum quod est superius declaratum. Si vero dicta mulier in contractu dicti matrimonii habebat aliqua bona mobilia, quod, in illo casu, dicta bona mobilia, que ipsa mulier habebat, in contractu dicti matrimonii, essent salva et secura dicte eidem mulieri, dum tamen dicta mulier faceret bonam fidem de ipsis bonis mobilibus; et si ipsa haberet, unde ipsa haberet illa bona mobilia, in casu mortis dicti mariti. Et si forte casus echetie eveniret dicte mulieri ex quacumque causa, durante dicto matrimonio, quod dicta mulier de illa excheta suam posset facere omnimodam voluntatem. Et si contingeret quod maritus apportaret in domo uxoris sui aliquam quantitatem pecunie, vel aliqua bona mobilia, illa bona bona, si maritus faciat conquerementum, dicto marito debet remanere dictum conquerementum, et quod dictus maritus nichil possit petere de bonis ibidem aportatis per eamdem. Et si dictus maritus nollet dictum conquerementum habere, quod ipse maritus bona que maritus aportaverit in domo dicte uxoris sue debet habere et aportare supra bonis dicte uxoris sue. Et si dictus maritus bona dicte mulieris aliqua dicte uxoris sue vindiderit vel alienaverit aut male pertractaverit, in illo casu dictus maritus nichil potest petere de hiis que ipse maritus in dicta domo dicte mulieris aportaverit. Et quod nonobstante hoc, quod dominus dicti mariti supra ipso marito et persona ipsius tamen possit habere taillias, corvatas, assietas; et quod ullus dominus per moram vel per mansionem mansi dicti mariti non possit allegare aliquam prescriptionem, quoniam semper dictus maritus possit reverti ad certum dominum suum, et quod nulla prescriptio possit ibidem habere. — Ita est. HUGO CHAPUYS.

L'article dix-neuf décide que si l'homme taillable d'un seigneur se mariait dans la seigneurie d'un autre gentilhomme, que tous les enfants de ce mariage appartiendront au seigneur dont la femme était vilaine ou villageoise : que si le mari avait des biens de son chef, ou qu'il en eût acquis, ils appartiendront à ses enfants, ainsi que ses meubles; et s'il n'y a point d'enfants, ils appartiendraient au seigneur du mari.

« Que si la femme avait des biens meubles lors de son mariage, ils devaient être spécifiés pour lui être conservés et lui être rendus; que s'ils n'y sont pas spécifiés, elle doit prouver d'où elle les a eus, en cas du décès de son mari.

« Que s'il arrivait une échûte ou hoirie à cette femme, pour quelque cause que ce fût, pendant son mariage, elle en pourrait disposer suivant sa volonté; et si le mari apportait de l'argent ou des meubles dans la maison de sa femme, ces biens-là lui demeureraient s'il en faisait un acquêt, et retiendrait les biens qu'il aurait acquis; que si le mari ne veut pas garder les fonds qu'il aura acquis, il pourra reprendre en argent et en meubles les deniers qu'il avait apportés et qu'il avait employés en fonds; que si le mari a vendu des fonds de sa femme, ou qu'il est malversé dans ses biens, il ne pourra rien répéter de ce qu'il aura apporté dans la maison de sa femme.

« Le seigneur du mari ne pourra avoir ses tailles et corvées que sur la personne de ce mari; aucun seigneur ne pourra alléguer une prescription sur la personne de ce mari qui aura demeuré dans sa seigneurie, parce qu'il peut toujours retourner chez son seigneur, et, qu'en ce cas, il n'y a aucune prescription. La plupart des coutumes qui parlent des forts mariages partagent les enfants des taillables entre leurs deux seigneurs; mais, suivant notre coutume, tous les enfants restaient au mari et à son seigneur, et la femme perdait tous ses biens, ses enfants n'en héritant pas parce qu'ils appartenaient à un autre seigneur qu'au seigneur de leur mère. Ce seigneur de la mère prenait ses biens, comme si la mère était morte sans enfants.

« Ce que dit la fin de l'article que le seigneur de la femme, dans les biens de laquelle son mari était venu habiter, ne pouvait pas prescrire, était fondé sur plusieurs raisons; car cet homme payait ses tailles à son seigneur et lui faisait les corvées qu'il lui devait; ainsi il se reconnaissait toujours son homme; et cet homme ne pouvant, pendant son mariage, prescrire le bien de sa femme, il n'était pas juste non plus que le seigneur de la femme pût prescrire la personne de ce mari; mais l'article, restreignant la prescription dans ce cas, fait voir que les seigneurs pouvaient prescrire ces hommes dans d'autres occasions, et qu'ainsi il y avait une prescription pour leurs droits.

« La bonté de nos princes et de nos seigneurs a rendu presqu'entièrement inutiles l'article que nous venons d'interpréter, et tous les autres qui regardent les taillables; car il n'en reste point ou peu dans cette souveraineté, les seigneurs les ayant affranchis ou négligé de faire reconnaître cette servitude et de suivre ces hommes qui ont ainsi acquis leur liberté: nous n'en parlons que pour faire connaître nos anciens usages.

« M. Ducange, au mot *foris maritagium*, M. Vertot, dans sa *Dissertation sur l'origine des Français* parlent fort des mariages pareils à ceux de nos mainmortables; ainsi, ceux qui voudront en savoir d'avantage n'auront qu'à les consulter (1).

XX.

Item est declaratum inter nobiles predictos et dicti juramenti quod si aliquis casus accidit in quo casu non reperiatur costuma declarata, quod in illo casu habeant uti et utentur secundum proximiorem declarationem et quandam costumarum Marchie Dombarum predictarum; et si forte alique declarationes non reperientur secundum illum casum qui non esset declaratum, quod ipsi nobiles in illo casu utentur de jure canonico, scripto vel civili. Ita est. HUGO CHAPUYS.

« L'article vingtième veut que s'il arrive quelque cas dans lequel l'on n'ait point expliqué la coutume, il faille suivre l'esprit des articles précédents, s'ils peuvent s'appliquer à ce cas; mais s'il n'y a rien qui en approche, que l'on se serve du droit canonique, écrit ou civil, pour décider la question.

« L'on a mis le droit canonique avant le droit civil dans cet article, parce que l'autorité des papes qui avaient tenu deux conciles-généraux à Lyon et un autre à Vienne, s'était fort augmentée dans ce pays, et y avait presque pris le dessus sur celle de l'empereur; ainsi la noblesse de ce pays obéissait plutôt aux lois du pape qu'aux lois romaines, ce qui n'était pas particulier à notre souveraineté, car M. Hevin a remarqué qu'environ ce temps-ci, le droit canonique était beauboup plus pratiqué dans les tribunaux que le droit civil, et que son autorité était si grande, que l'article 89 de la très-ancienne coutume de

(1) L'auteur qui nous parait incontestablement avoir le mieux traité tout ce qui concerne les Taillables et Mains-mortables est Perreciot, dans son ouvrage sur l'ÉTAT CIVIL DES PERSONNES, dont la première édition parut en 1786. Cette matière y est traitée d'une manière remarquable, sauf la pensée qui semble trop exclusivement dominer l'auteur, de ne vouloir faire de la condition main-mortable que le type de la condition létique.

Bretagne portait que la cour séculière ne pouvait corriger la cour d'église, mais que la cour d'église pouvait corriger la cour séculière. L'autorité des princes séculiers et le droit du pays ayant été mieux connus, l'on est revenu au droit romain qui était le droit primitif, et l'on n'a pas cru que les décrets ni les décrétables du pape dussent le corriger.

« Collet avoue que le duc Amédée reconnaît, au commencement de son statut, la supériorité du pape et celle de l'empereur sur ses états, et qu'il les propose comme les arbitres de la justice et les oracles d'où tout le droit et toutes les lois sont sortis. Il dit que du temps de ce prince, c'est-à-dire en 1430, le droit canonique faisait partie du droit public; que la juridiction ecclésiastique avait le dessus, et qu'elle connaissait de presque toutes les affaires.

« Il y ajoute que le duc de Savoie n'appelle ses états que du nom de république, parce que le pape et les empereurs ne se servaient que de ce terme pour parler des leurs, regardant les sujets de l'empire comme des peuples plus libres que les autres; tous les biens, tant fiefs qu'autres, ayant été possédés plus librement en ces provinces qu'ailleurs.

XXI.

Item est declaratum quod omnes tenementarii (1) cujuscumque condicionis existant, debent recognoscere dominum, de cujus dominio ipse tenementarius tenet res, bona et possessiones suas, permutacione domini et tenementarii, nisi esset tailliabilis rerum predictarum suarum que teneret. Ita tamen quod dictus tenementarius debet se presentare infra quadraginta dies domino de cujus dominio dicte res et possessiones moverent, et nisi dictus tenementarius hoc fecerit dicte res et possessiones domino dicte rei sunt commise per consuetudinem. Et si forte aliquis tenementarius dictorum nobilium tenebat aliqua bona ecclesiastica que non consueverunt solvere recognicionem, quod in illo casu idem tenementarius aliquas recogniciones solvere teneatur, nonobstantibus omnibus supradictis. Ita est. HUGO CHAPUYS.

« L'article vingt-unième déclarait que tous les tenanciers et possesseurs des fonds d'un seigneur, de quelque qualité et condition que fussent ces tenanciers, devaient reconnaître le seigneur de leurs fonds à toute mutation de seigneur et possesseur, à moins qu'il ne fût taillable des mêmes fonds; en sorte que le possesseur se devait présenter dans quarante jours au seigneur duquel mouvaient ses fonds, et que s'il ne le faisait pas, ses fonds devaient être commis et confisqués au profit du seigneur, suivant la coutume; que si ce tenancier possédait quelques biens ecclésiastiques qui n'avaient pas coutume de payer des reconnaissances, ce te-

(1) « TENEMENTARIUS, Idem qui TENENS, Manceps, feudatarius; TENEMENTIOR in Consuet, Lotharengiæ, tit. 12 art. 32, et tit. 16, art. 1. Libertates Belli-visus ann. 1256, tom I, Hist. Dalphin, pag. 59, col. 1 : « Si alio modo quam per venditionem tenementum mutari contigerit, debemus habere pro mutagio nos et successores nostri census a novo Tenementario duplicatum. Hoc idem intelligimus ad mutationem domini. Occurrit in, Regesto PRONUS, cujus locus exstat in CONFRARIA, in Tabulario S. Andreæ Claromont. non semel, in Consuetud. Marchiæ Dumbarum, art. 7 in. Statutis Vercel. fol. 70. apud Baluzium, tom. II, Hist. Arvern. pag. 173, et Alibi passim.

« Pactum inter comit. Sabaud. et nobil. baron. DE DOMBES ann. 1398, ex Code reg. 9873, fol. 27, V° « Item que lesdis noubles soient en coustume de exiger et recouvrer deleurs tenementiers recognoissances à mort de seigneur et de tenementier ou aultrement. Item tient plus ledit tenementier... une terre tachible, in Lit admort. ann. 1412. ex Reg. 166, Chartoph. reg. ch. 272. (DUCANGE V° TENEMENTARIUS.) »

nancier ne devait pas laisser d'en payer quelque droit de reconnaissance à son seigneur, nonobstant la coutume contraire.

« Ces droits de reconnaissance ne se paient point aujourd'hui, à moins qu'il ne soit stipulé que le fonds est *recognocible* de père à fils et de nouveaux seigneurs à nouveaux tenanciers. Ce droit de reconnaissance est un doublement du cens, suivant tous les titres que j'en ai vus; c'est-à-dire que celui qui devait un sol en payait deux le jour du changement; que celui qui devait un bichet de blé en payait deux. Ce droit s'appelle, en Dauphiné, *plait seigneurial*; car c'est particulièrement en matière de droits seigneuriaux que la confusion a été la plus grande, les seigneurs ayant souvent donné aux mêmes droits des noms fort contraires. M. Salvaing de Boissieu a fait un traité fort savant sur le droit du Plait seigneurial. A l'égard des biens ecclésiastiques, la prétention des seigneurs était injuste; mais ils voulaient que leurs hommes vinssent reconnaître la protection qu'ils leur donnaient pour posséder tranquillement tous leurs biens. Je crois cependant que la reconnaissance que les emphitéotes donnaient pour les biens qu'ils possédaient de l'Eglise, n'était point fixée, et que le seigneur n'en prenait que ce que l'emphitéote voulait lui en donner libéralement et comme un vrai présent, ces reconnaissances n'ayant été véritablement que des présents dans leur origine; et lorsque nos paysans apportent encore aujourd'hui des présents à leurs seigneurs ou à d'autres personnes dont ils veulent s'attirer l'amitié ou la protection, ils disent qu'ils viennent les reconnaître.

XXII.

Item est declaratum quod si aliquis nobilis homo vendebat pure et perfecte alicui alteri nobili, vel alicui alteri de terra sua quod tenementarius teneatur solvere recogniciones, nonobstante quod dictus emptor daret graciam specialem de rehemendo dictas res, quod ille qui remerit recogniciones solvere teneatur. Ita est. HUGO CHAPUYS.

« L'article vingt-deuxième déclare que si un gentilhomme vend sa terre purement et simplement à un autre gentilhomme, ou à quelqu'autre personne, le tenancier doit les reconnaissances, quand même l'acheteur accordait au vendeur la grâce de réméré; car celui qui rachètera sera tenu de payer lui-même ces reconnaissances.

« Cet article pourrait être d'usage en cas qu'un seigneur vendît sa terre où il aurait le droit de recognoscibilité ou de reconnaissance de père et à fils, ou qu'un emphitéote vendît aussi à grâce de réachat, car l'acquéreur devait le droit de reconnaissance; mais, en ce cas, il ne devait pas les laods, à moins que la grâce de réméré ne s'étendît au dela de dix ans, ou que le seigneur ne donnât caution pour la restitution des laods.

« Il faut encore observer sur cet article que presque tous les anciens contrats étaient faits purement et simplement, et que la grâce de réachat était accordée par un titre particulier.

« Nos terriers, pour exprimer ces droits de reconnaissance ou recognoscibilité, disent souvent: *Et ista res vel possessiones sunt recognoscibiles*; d'autres: *Cum laudibus vendis et recognitionibus novi domini et novi tenementarii*. D'autres disent: *Et in mutatione domini directi et tenementarii debent recognitiones seu duplex servitium*.

« Ce doublement de servis est très-souvent exprimé dans nos terriers; car, si les reconnaissances ne disait qu'avec laods, ventes et reconnaissances, sans ajouter: *de patre ad filium*, ou *novi domini et novi tenementarii*, ou *ad duplex servitium*, en ce cas, ce mot *recognotionibus* n'emporte aucun droit au seigneur, sinon que l'emphitéote est tenu de passer reconnaissance nouvelle au profit de ce seigneur, toutes les fois que le seigneur le requerra; mais ces nouvelles reconnaissances sont à la charge du seigneur et non de l'emphitéote, pour les frais qu'il convient de faire pour les stipuler, parce que c'est le titre du seigneur qui est renouvelé à son profit.

« Il y a des seigneurs qui ont prétendu que la reconnaissance de père à fils emportait un milaod; mais une grande partie des reconnaissances anciennes et nouvelles disent que les cens sont dus avec laods, milaods et reconnaissances de père à fils. L'on voit que ces trois droits doivent être différents; les laods étant dus pour la vente, les milaods pour les successions collatérales, et les reconnaissances par le changement de seigneur et tenancier, qui est un cas différent du milaod; ce dernier droit, qui est celui de reconnaissance, n'est que le doublement du cens et comme un présent et une reconnaissance de supériorité que l'emphitéote faisait à son seigneur. Cependant quelques seigneurs ont obtenus des arrêts pour être payés de cette reconnaissance comme d'un milaod de père à fils, ce qu'ils ne peuvent avoir fait juger que par surprise et contre des emphitéotes qui n'ont pas su se défendre, ou sur des titres nouveaux que les seigneurs avaient exigés injustement. M. BRETONNIER sur *Henris* parle de ce droit et convient qu'il n'est que le doublement du cens. J'ai cependant vu une sentence rendue, en 1562, par M. Papon, confirmée par un arrêt du parlement de Paris, au profit du sieur de Pinay, en Forêt, en 1563, par lesquels ce droit est réglé, sur la possession immémoriale de ce seigneur, aux milaods pris modérément et par une estimation grossière qui serait faite sans frais. Divers seigneurs prétendaient aussi ces reconnaissances au vingtième seulement, c'est ainsi que les seigneurs de la Faye et Rochefort, en Forey, se les firent payer en 1426. Les habitants de Polliénay stipulèrent, en 1395, que Claude de Propierre, leur seigneur, ne pourrait jamais leur demander les droits sur le pied de l'estimation de leurs fonds, ni autrement que par le double du cens. Ce qui me paraîtrait le plus juste, serait de payer ce droit au vingtième, lorsqu'il n'est pas fixé au double cens, car ce droit doit constamment être différent du milaod; il paraît même très-dur de le payer au vingtième, suivant l'estimation grossière des fonds ; car, en très-peu de temps, le seigneur pourrait emporter tous les biens de ses emphitéotes, le vingtième même, qui est ordinairement d'un an, étant d'usage dans les pays coutumiers ; je crois que lorsque la reconnaissance n'est pas le double du cens, l'on doit s'en tenir à la vingtième.

XXIII.

Item est declaratum quod quilibet dictorum nobilium dicte Marchie Dombarum et dicti juramenti possit, debeat et teneatur facere, percipere et habere compleintiam in casu in quo dictus dominus vellet ire vel transire ultra mare, ad voluntatem, et in casu in quo vellet ipse dominus esse miles novus, vel vellet suam filiam maritare, duplum servicium solvere teneantur (1). Ita est. HUGO CHAPUYS.

---

(1) Le droit de COMPLEINTIA, dont il est question en cet art. 23, est le même que le droit de COMPLAISANCE dont parle Galland sur Ragueau, et qui comprenait ce qu'on nommait autrefois les QUATRE-CAS. Le quatrième cas, dont ne parlent pas les Coutumes de Dombes, était ordinairement l'obligation de contribuer à la délivrance du Seigneur, lorsqu'il avait été fait prisonnier de guerre.

Les chartes communales de Baugé et de Bourg renfermaient à ce sujet une disposition spéciale suivant laquelle les hommes de ces villes étaient tenus de venir *au secours du seigneur, par une contribution proportionnelle* aux facultés de chaque habitant, si ce seigneur partait pour le pélérinage de la Terre-Sainte, s'il mariait ses fils ou ses filles, s'il était élevé à une nouvelle dignité militaire; enfin, s'il était obligé de faire de grandes dépenses pour acquérir une grande seigneurie ou baronnie.

L'article 1er des priviléges et franchises de Trévoux stipulait expressément que les bourgeois de cette ville ne seraient tenus envers leur seigneur à aucune taille exaction, ou complaisance, ou collecte. « Dominus non potest, nec debet facere talliam, exactionem, vel COMPLEYNTIAM, seu collectam, etc.

A Montferrand, les habitants devaient cinq cas à leur seigneur. C'est ce que l'on voit par les priviléges et franchises qui furent accordés à cette ville, par Louis de Beaujeu, en 1291, confirmés en 1311 par Philippe-le-Bel et par plusieurs de ses successeurs, après que Montferrand appartint aux rois de France. L'art. 13 de ces priviléges, que les consuls et bourgeois rédigèrent du LATIN EN FRANÇOIS, en 1496, s'exprime ainsi :

« Deuoient lesdictz Consulz et habitans à leur Seigneur cinq cas : c'est a scauoir que : quand le Seigneur dudict Montferrand, une fois seullement, aura esté en terre saincte ou Ihérosolimitane ; ITEM, quand il sera faict chiualier ; ITEM, quand il aura marié vne fille et non plusieurs ; ITEM, quand il sera pris une fois seullement de ses ennemis pour sa guerre ouverte et notoire et qu'il co[illegible] endra le rachepter ; ITEM, quant

« Par l'article vingt-troisième, l'homme noble ou seigneur qui voulait aller au-delà de la mer, pouvait et devait faire lever, à sa volonté, tout ce qu'il croyait lui être nécessaire pour faire son voyage, ce qu'ils appelaient *habere compleintiam*, avoir tout le nécessaire pour leur voyage complet, à leur volonté. Les termes de cet article sont fort obscurs; mais l'explication que je viens de leur donner m'a paru la meilleure que je puisse trouver. Cet article ajoute ensuite, qu'en cas de nouvelle chevalerie ou de mariage d'une fille, le seigneur ne pouvait avoir que le double cens ou servis. L'on voit par là que le voyage d'outre mer était plus à charge aux hommes des seigneurs que leurs autres dépenses extraordinaires, qu'ils jetaient ainsi presque entièrement sur leurs pauvres hommes et sujets.

XXIV.

Item est declaratum quod si aliquis homo scindit, vel trahit aliquam arborem, de die seu nocte, pirum, vel pomerium, vel acteffectum (1) quod ipse teneatur solvere domino de cujus dominio dicta arbor, seu acteffectum moveret, sexaginta solidos viennenses. Ita est. HUGO CHAPUYS.

« Si un homme coupait un arbre ou l'arrachait de terre, de jour ou de nuit, comme un poirier, pommier ou un autre arbre que l'on élevât, arbres que nos paysans appellent des *attefits*, il devait une amende de soixante sols au seigneur du fonds où était l'arbre coupé ou arraché, suivant l'article vingt-quatrième.

XXV.

Item est declaratum quod nullus homo dictorum nobilium non possit nec debet se

---

une fois il sera pris et détenu des infidèles et qui conviendra le rechapter. Et a chascun desdictz cas lesdictz Consulz et Comunité de Montferrand douneront audict Seigneur de Montferrand, une fois seulement en la vie d'un chascun Seigneur, la somme de trois cens liures tournois de petite monnoye. Toutesfois ici est a noter que a l'oure desdictz privilliéges lesditz Consulz et habitans de Montferrand n'estoient pas au Roy comme sont de present, car quoz a presenc ne sont contribuables èsdictz cinq cas; car, par la coustume notoirement tenue en ce pais d'Auuergne, les habitans des terres qui ont esté autres foys au Roy ne sont point tenuz ès ladicte tailhe quatre cas: posé que soient deuenuz en autre mains subgectes a ladicte tailhe au moyen de la haute justice, selon lad. coustume. Et par ainsi par plus forte raison les subgectz du Roy ny doiuent estre tenuz. »

La COMPLEINTIA, ou droit de complaisance, formait l'un des impôts les plus vexatoires de la féodalité. Les seigneurs l'établirent par imitation des souverains qui exigeaient l'aide des grands vassaux de leur royaume en cas de nouvelle chevalerie, de mariage d'une fille, etc. Les grands vassaux l'exigeaient des arrières vassaux dans les mêmes hypothèses; et ceux-ci, à leur tour, les faisaient payer à leurs hommes dans les mêmes circonstances.

Ducange pense que l'aide pour le mariage de la fille du souverain, a commencé à être en usage vers l'an 1080, par Robert Guiscard qui exigea des comtes et des grands de sa domination, des dons à l'occasion des noces de Mathilde, sa fille puinée. Suivant ce même auteur Louis VII, roi de France, est le premier qui se fit payer, en 146, l'aide pour le voyage d'outre-mer.

« Les autres aides, dit Perreciot (*t.* 2, p. 435) pour la rançon du seigneur, pour nouvelle chevalerie, pour l'achat d'une terre, etc.. sont nés également pendant la féodalité. »

(1) « ATTEFECTUM, attefitum, Arbor novella jam insita aut brevi inseranda. Galliæ ANTE, Rusticis Dumbensibus ATTEFITS. Consuetudines Marchiæ Dumbarum ann. 1325, art. 24, ex Archivo Trevoltico : « Si aliquis scindit vel trahit aliquam arborem de die seu nocte, pirum, pomerium, vel Attefectum, tenetur domino, de cujus dominio dicta arbor seu Attefitum moveret, de 60 solidis viennensibus.

Latius patet hujusce vocis notio apud Dumbenses, quibus ATTEFIT dicitur, quævis arbor ad propagationem relicta, populus, salix aliudve plantarium. (DUCANGE V° ATTEFECTUM.) »

ponere in garda alicujus nobilis, nisi de voluntate et consensu domini, sui secundum antiquas consuetudines (1). — Ita est. Hugo Chapuys.

« Par l'article vingt-cinquième, il est aussi défendu à l'homme d'un seigneur de se mettre sous la garde et protection d'un autre seigneur, contre la volonté et le consentement de son seigneur ; il est dit que cela est conforme aux anciennes coutumes. Ces gardes causaient des guerres et des difficultés entre le seigneur ; ainsi, c'était avec justice qu'ils se défendaient les uns les autres de recevoir les hommes d'un autre seigneur dans leur garde. En 1237, et suivant les usages, Béatrix, dauphine de Viennois, promit au seigneur de Reneurel quelle ne prendrait point ses hommes sous sa garde ; et Humbert II révoqua toutes les sauve-gardes qu'il avait accordées depuis dix ans dans les terres des seigneurs Bannerets (de Dauphiné), à la charge que ces seigneurs quitteraient les mêmes droits de sauve-garde qu'ils donnaient à ces hommes et dans leurs terres ; et il promit de n'en plus donner, si ce n'était du consentement des seigneurs. Le duc de Savoie révoqua les siennes en 1430, par le statut de Bresse. Ainsi ce droit était reconnu presqu'universellement pour un droit injuste.

XXVI.

Item est declaratum quod nullus homo dictorum nobilium non possit nec debeat pignorare alium hominem de bobus ligatis, nec de ligone, neque de trient (2), de suec, (3) nec de arrare (4), curru, nec de manso, nec de arnesio, ex quacumque causa, seu ratione, dum manualiter operabit. — Ita est. Hugo Chapuys.

« Suivant l'article vingt-sixième, l'on ne pouvait pas saisir les bœufs liés, le soc de la charrue, le trident, ni les chars et charrettes à bœufs, appelés *mansus* par nos paysans ; les harnais du bétail, ni les autres applis d'agriculture, tandis que l'on en travaillait actuellement.

« La coutume ne défendait ces saisies que lorsque l'on travaillait actuellement ; mais la nécessité de la culture des fonds a introduit les défenses de saisir ces sortes d'instruments nécessaires pour cultiver les fonds, et celle des bestiaux avec lesquels on laboure, afin que les créanciers eux-mêmes ne fussent pas privés des fruits du travail de leurs débiteurs, et que les rois et princes ne le fussent pas de leurs tailles, dons gratuits ou autres droits.

XXVII.

Item est declaratum quod nullus homo dictorum nobilium alium pignorare possit nisi

---

(1) Il paraît que l'ancienne coutume prévalut, du moins en plusieurs circonstances, car nous voyons en 1333 un nommé Perronin Cynard, se faire gardier du sire de Beaujeu moyennant deux livres de cire annuellement payables à Chalmont. Edouard de Beaujeu ordonne à son châtelain et au chacipol de le protéger lui et ses biens et de le défendre CONTRE TOUS COME NOTRES PROPRES HOMES A TOUJORS MAIS.

(2) Triens, Furca trisulca. Consuet. Dombens. Mss. anu. 1325, art. 26. (Ducange, V° Triens.)

L'on dit encore maintenant, dans nos campagnes : Traien.

(3) Suec. Saccus, vomer, ferrum aratri... alias scot... soich... suec. (Ducange V° soccus.)

(4) Arrare. Pro arare, id est, aratrum.

de consuetudinibus, usagiis (1) et serviciis suis, et nisi prius requisitus fuerit, et ex hoc observaverit ex deffectu. — Ita est. Hugo Chapuys.

« L'article vingt-septième veut que nul homme des seigneurs ne puisse saisir chez un autre seigneur, si ce n'est pour les coutumes, usages et servis qui lui sont dus, et il est dit qu'il ne le doit faire qu'après avoir requis son paiement, et qu'on le lui ait refusé.

« L'on saisit aujourd'hui pour toutes sortes de dettes, mais il serait bon qu'il constatât toujours d'un refus de paiement fait en présence de deux ou trois témoins, à moins que ce ne fût un étranger ou une personne qui n'aurait point d'immeubles.

XXVIII.

Item quod nullus dictorum nobilium et eorum homines hominem alterius vocare in aliena curia non possit, nisi prius posuerit dominum suum in deffectu, et sine mandato domini sui ; et si contrarium fecerit admissiones et expensa alterius vexati solvere teneatur. —Ita est. Hugo Chapuys.

« L'on déclare dans l'article vingt-huitième qu'aucun gentilhomme, ni aucun de leurs hommes, ne peut vexer ou attirer un autre homme dans une cour étrangère, s'il n'a mis le seigneur de cet homme en défaut de lui rendre justice ; c'est-à-dire à moins qu'il n'y ait un déni de justice de la part de ce seigneur, ou que le seigeur de cet homme n'y ait consenti. L'on ordonne que si quelqu'un fait le contraire, il paiera les frais et dépens de celui qu'il aura ainsi vexé.

« Je crois que cet article était ainsi observé pour empêcher que les seigneurs ne se fissent assigner les uns les autres par-devant les officiaux de Lyon et de Mâcon, ou par-devant d'autres juges auxquels on faisait soumettre les parties en ce temps-là.

XXIX.

Item est declaratum quod si aliquis homo scindit nemus alicujus alterius de die a goy (2) quod si reperiatur in taillia dicti nemoris, tres solidos viennenses solvere te-

---

(1) Sans contredire ici l'explication que donne Aubret sous l'art. 18 des mots COUTUMES et USAGES pris pour cens ou servis; nous ferons seulement observer que le soin avec lequel l'on s'attache dans nos Coutumes à reproduire les mots CONSUETUDINES et USAGIIA, montre qu'il y a une différence entre les coutumes et les usages, dont on a voulu qu'il fut tenu compte.

Beaumanoir, ce grand jurisconsulte qui semble résumer en lui tout le génie pratique de son époque, a merveilleusement déterminé dans le chapitre 24 des Coutumes de Beauvoisis, la distinction à établir entre les coutumes et les usages. Coutume, dit-il, est approuvé « 1° quant ele est générale pas toute le conté, et maintenue pe si lonc tans come il pot sovenir à home, sans nul débat; 2° quant de bas en a esté et fu aprovée par jugement.

« La différence, ajoute-t-il, qui est entre costume et usage si est que toutes costumes si font à tenir : mais il a tès usages que qui vodroit plédier encontre et mener dusquel son jugement, l'usage si serait de nule valeur. »

(2) « Legoy, ligoy, Distinctis vocibus leg. le goy et ligoy, Instrumentum ligno scindendo aptum. Vide goia. I. Consuet. Domb. Mss. ann. 1325.

« Goia, Falcis species. Gall. serpe, alias goie, alias goy et goye. (Ducange V° Goia.) »

Dans nos compagnes de Dombes et de Bresse, l'on dit encore : una goia, un goy, une goyarde.

neatur, vel legoy; et si dictus ly goy non vallebat tres solidos predictos, quod ille scindens dictos tres solidos solvere et perficere teneatur et in emenda parti.

« Par l'article vingt-neuvième, il est déclaré que si un homme coupe le bois d'un autre, de jour ou de nuit, et qu'on le trouve dans le taillis, il paiera trois sols viennois d'amende, ou donnera le *goy*, c'est-à-dire l'instrument avec lequel il coupe le bois; mais si ce *goy* ne valait pas trois sols, l'on devait suppléer au surplus des trois sols, et, outre cela, dédommager la partie.

« Le vol du bois-taillis portait une des moindres amendes, à cause qu'il y avait alors beaucoup de bois, et que celui qui en allait couper chez les autres, était assez puni en perdant l'instrument dont il se servait pour le couper. Le *goy* ne sert que pour couper les bois-taillis; l'on se sert de la hache pour couper les bois de haute-futaie.

XXX.

Item est declarandum quod si aliquis furetur de die nemus scissum existens in sumit (1) vel in maya (2), quod in illo casu ille furator quindecim solidos viennenses bonos solvere teneatur; et si de nocte furat dictum nemus, in triginta solidos viennenses teneatur solvere domino, de cujus dominio dictum nemus extiterit; si furatur ad collum, et si furatur cum carru, vel bobus, ad sexaginta solidos viennenses solvere teneatur; et si herbam in aliquo prato furatur de nocte, quindecim solidos viennenses solvere teneatur; si vero de die furatur, ad medietatem dictorum solidorum viennensium solvere teneatur; et si de feno furatur in muello, vel in cuchonibus, ad summam predictam solvere teneatur; et illud idem de illo qui metit bladum, prout superius de feno et herba continetur.

« L'article trentième déclare que si quelqu'un vole du bois coupé, qui soit en monceau ou *maye*, et qu'il le vole pendant le jour, il doit quinze sols d'amende au seigneur dont le bois est mouvant; que s'il le vole de nuit, il doit trente sols, s'il ne fait que s'en charger et l'emporter sur ses épaules ou à son cou; mais s'il le vole avec des bœufs ou une charrette, il paiera soixante sols. Si l'on vole de l'herbe dans un pré, de jour l'amende est de sept sols six deniers; et si c'est la nuit, elle est de quinze sols. Si c'est du foin, il doit les mêmes amendes, soit que le foin soit en gros ou petits *maux*, que nos paysans appellent *cuchons*. Celui qui va moissonner du blé dans le fonds d'autrui, doit les mêmes amendes que pour l'herbe.

XXXI.

Item si aliquis furatur in meya, seu gerberio, ad arbitrium domini emandare teneatur, vel saltem quod criminaliter puniatur.

---

(1) SUMIT, pro SUMITAS, id est culmen. Gallice FAITE.

(2) MAYA, MEIA, Congeries cumulus, in MAYA vel MEIA, id est, Insimul, Consuetudines Marchiæ Dumbarum. Article 30 et 31 (DUCANGE V° MAYÆ.) »

L'expression de MAYE est encore en usage maintenant en Dombes et en Bresse, pour désigner une meule de gerbes de blé.

Celui qui vole du blé dans une meye, ou vole dans des gerbiers, doit l'amende à la volonté du seigneur, ou du moins il doit être puni criminellement.

XXXII.

Item est declaratum quod si aliquis furatur de nocte sepem, vel clausum, tenetur in septem solidis fortibus domino in cujus juridicione forefactum erit; et si de die, in tribus solidis et sex denariis viennensibus fortium, et in emenda parti.

Celui qui vole les bois du buisson ou clôture d'un autre, doit sept sols forts au seigneur, si c'est la nuit; et trois sols six deniers, si c'est le jour : outre quoi il doit amender à la partie.

XXXIII.

Item est declaratum quod si aliquis furatur de nocte fructus pomorum, pirorum, rasseinorum et aliorum fructuum, tenetur in septem solidis viennensibus domino de cujus juridicione factum reperietur; et si de die in tribus solidis et sex denariis viennensibus, et in emenda parti.

Il est dû une amende de sept sols forts pour les vols des poires, pommes, raisins et autres fruits pendant la nuit, et de trois sols six deniers si le vol a été commis de jour, outre le dédommagement de la partie.

« Les seigneurs tiraient des amendes de tous les crimes et délits. Cet usage ne s'observe plus pour eux; mais les frais qui se font par-devant leurs officiers, les dédommagent assez de ces amendes qu'on ne laisse pas de prononcer en leur faveur, et même de beaucoup plus fortes, suivant que les crimes le méritent.

XXXIV.

Item est declaratum quod quilibet nobilium teneatur compellere homines suos ad solvendam caritatem communam ecclesiarum et campanarum et ad reffectionem predictarum, prout antiquitus consueverunt.

« Chaque gentilhommes devait, suivant l'article trente-quatrième, contraindre ces hommes à payer la charité (c'était l'aumône que l'on donnait pour le luminaire des églises), ainsi que les dettes commune, contractées pour les dépenses de l'église et pour l'usage des cloches.

« Ces sortes de contraintes, ou plutôt les rôles pour de pareilles impositions, ont été, depuis ces anciens temps, dévolus aux officiers du souverain; il n'y avait que les châtelains des châtellenies de Saint-Trivier, de Ligneux et Banneins, qui les fissent; mais par les aliénations des justices que S. A. S. a faites, elle a vendu ce droit à ceux qui ont acheté sa première juridiction.

XXXV.

Item est declaratum quod nullus de hominibus nobilium teneatur venare nec ad lepores, nec ad perdrisses, nec ad retia, seu tellas; et si de nocte reperiatur venare, tenetur domino, in cujus juridicione venatur, in sexaginta solidis viennensibus, et in admissione retium ; et si de die in septem solidis viennensibus fortium novorum.

« Nul des hommes des seigneurs ne peut chasser aux lièvres ni aux perdrix, ni avec des filets ni avec des toiles ; et si on le trouve à chasser de nuit, il perdra ce qu'il aura pris à la chasse et paiera soixante sols d'amende au seigneur dans la terre duquel il aura chassé ; que s'il chasse de jour, l'amende ne sera que de sept sols forts neufs ; c'est la déclaration portée per l'article trente-cinquième.

Cet article ne parle que des perdrix et des lièvres ; ainsi, il semble qu'il laissait la liberté des autres chasses aux paysans, pourvu qu'elles ne fussent point faites avec des filets et des toiles. L'on ne défend point de chasser au fusil, car la poudre à canon n'était pas en usage en 1325, et ce ne fut qu'en 1338 que les canons et les mousquets furent inventés. La plupart des oiseaux, à la réserve des perdrix, sont oiseaux de passage que les seigneurs ne voulaient pas défendre à leurs hommes, parce qu'il y en a ordinairement une assez grande abondance.

« Le *Statut de Bresse*, livre III, article 2, permet la chasse des loups, des ours, des sangliers et des autres bêtes qui font du mal aux blés, aux vignes et aux autres fruits de la terre, dans ses propres fonds et dans ceux d'autrui, suivant le droit commun ; mais tous ces droits ont été restreints par les ordonnances à tel point qu'on en a voulu priver les seigneurs de Dombes, quoique leur droit de chasse soit aussi ancien que celui des Français.

« La chasse est une suite du droit de justice ; c'est pourquoi un seigneur, donnant à l'abbaye de Fontaine toute la justice dans sa terre, il ne s'y retint que le droit de chasse, parce que c'était un droit qui aurait été aliéné avec la justice, s'il ne se l'était retenu.

« MM. de Thoire et de Villars accordèrent aux habitants d'Arbent, en 1382, le droit de chasser à toutes bêtes sauvages et gibier, à la charge que lui et ses successeurs auraient les quatre pattes de l'ours, la hure du sanglier et le sommier du cerf, qui se prendraient en juin, juillet et août. Les habitants de Dombes avaient des usages presque pareils.

XXXVI.

Item est declaratum quod si aliquis reperiretur aliquid in juridicione dictorum nobilium quecumque res, sint, quod ille res que reperirentur, devenirent ad dominum in cujus juridicione reperirentur ; et si cellaret debet pugniri ad voluntatem domini sui ; et illud quod reperiretur debet reddi domino in cujus juridicione repertum esset, excepta consuetudine apium, videlicet quod dominus in cujus dominio dicta apis reperiatur medietatatem..... et alia medietas illi qui reperitur. — Ita est. Hugo Chapuys.

« L'article trente-sixième déclare que tout ce que l'on trouve dans la juridiction d'un seigneur, lui appartient et lui doit être rendu ; que si quelqu'un cache et garde les choses qui avaient été perdues, il doit être puni à la volonté du seigneur. L'on excepte les abeilles qui doivent appartenir, moitié à celui qui les trouve, moitié au seigneur, suivant l'ancienne coutume.

XXXVII.

Item est declaratum quod quilibet tenementarius qui debet servicium alicui nobili, et dictus thenementarius sit negligens in solvendo, quod res, pro qua debetur servicium elapsis tribus annis, sit commissa domino vel sint fructus...... eta terra, vel non ; et si tenementarius petat curiam sibi da........ dictus nobilis dictam curiam dicto tenementario dare et concedere tenetur. — Ita est.

« L'article trente-sept déclare que le possesseur d'un fonds, qui doit un cens et servis au seigneur, et qui cesse de le payer pendant trois ans, devait perdre son fonds qui retournait au seigneur, soit qu'il y eût des fruits dans ce fonds, soit qu'il n'y en eût pas ; si, cependant, ce possesseur demandait au seigneur d'être ouï dans la cour ou justice sur ce défaut de paiement, le seigneur était obligé de le lui accorder.

« La rigueur de cet article était fort grande, et il est à croire que cet article n'était pas exécuté dès que l'emphitéote donnait une bonne raison de son défaut de paiement, et qu'il offrait d'y suppléer dans un bref délai.

XXXVIII.

Item est declaratum quod res pupillorum non possent nec debent cadi in commissum domino, donec ad etatem pervenerint pubertatis, videlicet de femina usquead duodecim annos, de masculo usque ad quatuordecim annos. — Ita est.

« L'article trente-huit excepte les pupilles de ce commis de leurs fonds, faute de paiement; mais il les y assujétit après leur puberté qui était, suivant le droit, de douze ans pour les filles et quatorze ans pour les garçons. Quoique cet usage paraisse fort rigoureux, son observation aurait été très-utile aux seigneurs, et à leurs emphitéotes; aux seigneurs, car ils n'auraient pas eu besoin de faire renouveler si souvent leurs terriers qui l'auraient été par les paiements continuels qu'on leur aurait faits ; et les emphitéotes, contraints de payer, n'auraient pas été accablés par des arrérages de vingt-neuf ans, comme ils l'étaient anciennement. Ces droits auraient été justement appelés *Coutumes*, car on les aurait payés presque tous les ans; ainsi la coutume et l'usage de les payer auraient été très-faciles à approuver.

XXXIX.

Item est declaratum quod duo homines litigantes ad invicem coram domino suo non possint coram aliquo alio domino compellare, nisi coram tribus judicibus sibi datis vel dandis per dominum suum; et in illo casu deffinitiva sit sentencia per tres judices data; ille qui convictus erit teneatur in expensis alterius parti; et illud idem de domino ad hominem et de homine in domino, et etiam illud idem de tenementario ad tenementarium (1).

---

(2) Suivant la version d'Aubret', conforme au texte, l'art. 39 veut que deux hommes plaidant l'un contre l'autre devant le seigneur, ne puissent porter leur affaire par appel devant un autre seigneur. Ils doivent, s'ils ne veulent s'en tenir à une première ou à une seconde décision, soumettre leur procès aux trois juges qui leur ont été ou QUI LEUR SERONT DONNÉS par leur propre seigneur pour appeler des uns aux autres ; et la troisième sentence sera DÉFINITIVE.

Il résulte bien de là que les seigneurs de Dombes prétendaient avoir le dernier ressort chacun dans leurs seigneuries respectives, et que nul ne pouvait, suivant l'expression du temps, fausser un jugement rendu par le troisième juge qui avait été donné par le seigneur.

Ceci du reste, est en harmonie parfaite avec TOUS LES EXERCICES que les seigneurs de Dombes faisaient découler de leur domaine direct sur toutes leurs terres, comme nous le voyons par l'article 5 de nos Coutumes.

« L'article trente-neuf déclare que si deux hommes d'un seigneur plaident l'un contre l'autre devant leur seigneur, ils ne peuvent pas porter leur procès par appel devant un autre seigneur, si ce n'est *devant les trois juges* qui leur ont été ou qui leur seront donnés par leur seigneur pour appeler des uns aux autres ; et que ces hommes seront tenus de se soumettre à la *troisième sentence définitive*. Celui qui sera condamné paiera les dépens. L'on déclare qu'il faudra s'en tenir à cette troisième sentence, soit que ce soit le seigneur qui plaide contre son homme, ou l'homme qui plaide contre son seigneur, ou un tenancier contre un autre homme, simple tenancier comme lui.

« Les seigneurs de cette souveraineté semblent avoir eu, suivant cette coutume, *le droit de juger en dernier ressort*, puisqu'on pouvait appeler trois fois devant leurs juges ; c'était aussi l'usage du Dauphiné, comme l'atteste M. de Valbonnois, qui dit que les seigneurs ne se soumirent à la justice souveraine des dauphins, que par rapport

---

Ainsi, en Dombes, les sires de Villars et les sires de Beaujeu, qui avaient la souveraineté féodale, c'est-à-dire l'hommage, n'avaient cependant pas la souveraineté juridictionnelle, celle du dernier ressort, cette souveraineté suprême par laquelle surtout les rois de France parvinrent à dompter et à régler la féodalité, en soumettant les seigneurs au joug d'une autorité unitaire.

Cette absence du dernier ressort de nos souverains féodaux, n'est pas l'une des moindres causes qui servent à expliquer pourquoi, dans notre petit pays, on vit les guerres privées, les révoltes et les prétentions d'indépendance de nos seigneurs dombistes, se prolonger si longtemps, c'est-à-dire jusqu'à ce qu'un pouvoir central ayant quelque force vint peser sur eux.

Les sires de Villars et les sires de Beaujeu n'avaient en Dombes le dernier ressort, que dans leurs propres terres, de même que les autres seigneurs, leurs vassaux, ou dans les terres et fiefs qu'ils avaient aliénés, en se réservant le droit de haute justice et de glaive, ou bien simplement le droit de juridiction corporelle, tout en aliénant la haute justice, SALVA JUSTITIA CORPORALI. Ce que dit donc Aubret que nos princes députaient presque toujours plusieurs personnes pour juger les appellations, ne peut s'appliquer qu'aux contestations nées dans leurs propres terres, et non dans celles de leurs vassaux ; à moins que ceux-ci ne plaidassent entr'eux, cas auquel nos princes, comme dit Aubret, députaient un juge pour prononcer sur leur contestation. C'est ainsi qu'en 1307, Barthelemy de Io, professeur en droit, dans des assises qu'il tint à Chalamont, jugea un procès entre Humbert de Lovat, damoiseau, et Pierre de Cérizier et Etienne de Laviesy. Ce dernier disait qu'il possédait le mas de Laviesy, depuis dix ans ; et que dès-lors il lui appartenait. Lovat et Cérizier prétendaient que ce mas était leur propriété par succession. Des enquêtes faites par Pierre de Piseis, châtelain de Chalamont, prouvèrent le droit de Cérizier et de Laviesy. Ce mas leur fut adjugé par de Io, dans les assises de Chalamont, le mardi après le dimanche de REMINISCERE ; et Humbert Lovat fut condamné aux dépens.

Dans nos Coutumes de Dombes, rien ne fait connaître l'organisation de la justice, rien non plus ne détermine ce qu'on doit entendre par la haute, moyenne et basse justice, cette grande division judiciaire du moyen-âge, si souvent reproduite dans les chartes de notre pays ; rien enfin ne fixe la compétence des divers officiers chargés de rendre la justice.

Nous savons, par les chartes communales, qu'à Trévoux il y avait un prévôt et un châtelain devant lesquels aux termes de l'article 21 des priviléges de cette ville, devaient être jugées les causes portées devant eux. A Lent, il y avait un bailli et un châtelain (art. 12 et 15). A Marlieu, c'était un châtelain et un sénéchal, SECREGALIS (art. 15 et 31). Enfin, à Thoissey, la justice était exercée par un prévôt, par un châtelain, par un auditeur des causes du seigneur, AUDITOR CAUSARUM (art. 13 et 18).

Quelles étaient précisément les attributions judiciaires de chacun de ces officiers, et quels étaient leur ressort et juridiction ? C'est ce qu'en l'absence de documents positifs, nous ne saurions déterminer autrement que par des rapprochements et des analogies, mais analogie et rapprochements souvent défectueux, lorsqu'il faut se reporter à une époque où il y avait tant de diversité d'un lieu à un autre, dans les mêmes dénominations.

Combien, dans son DISCOURS SUR L'ABUS DES JUSTICES DE VILLAGE, Loyseau avait raison de le dire : « La confusion est grande en la qualité et pouvoir de chascune justice, pour distinguer si elle est hauste, moyenne ou basse ; finalement, après qu'on a trouvé si la justice est hauste, moyenne ou basse, il est encore plus mal aisé de savoir quel est le pouvoir du haut, du moyen et bas justicier.....

« Qui en voudra croire les coustumes particulières des provinces, il ne trouvera que quatre ou cinq coustumes qui en aient traité, à savoir, celles d'auprès la rivière de Loire, Anjou, Poictou, Tourraine, le Maine ; mais encore en parlent-elles si maigrement, ou si ambiguement, qu'on n'y peut trouver de résolution certaine ; et est bien à présumer que les autres coustumes n'en ont point parlé, pour ce qu'il n'y avait point à ce regard de droit certain et establi en leur province. »

à la grande réputation des personnes dont leur conseil était composé ; mais, outre cette raison qui milite pour nos souverains, c'est que la plupart des seigneurs, en se reconnaissant leurs feudataires, se soumirent à leur cour et à leur jugement, et que l'exemple des seigneurs qui s'étaient soumis au jugement de leurs souverains, fit perdre peu à peu aux autres seigneurs ce droit de dernier ressort, sur lequel Jean Faber dit que les barons et autres seigneurs de France ne pouvaient établir *trois juges*, dont il y en eut deux qui fussent juges d'appel, parce qu'ils auraient trouvé par-là le moyen d'empêcher d'appeler à leurs supérieurs, n'étant pas permis d'appeler plus de trois fois.

« L'ancien usage de France a même été que le justiciable d'un seigneur ne pouvait appeler de son jugement ; par notre usage, dit M. Pierre des Fontaines, *n'y a-il entre toy et ton vilain, juge fors Dieu, tant comme il est ton couchant et ton levant* (Ch. 6. art. 8).

« Loisel, dans les *Instituts coutumiers*, convient de cet ancien usage. Le vilain ne pouvait, dit-il, fausser le jugement de son baron ; mais, par l'établissement de la cour de parlement, à Paris, toutes les appellations s'y peuvent relever. Ainsi le vilain a pu y relever son appel sans être censé avoir faussé le jugement de son baron, et il aurait même pu anciennement appeler en France du jugement, en *quittant son seigneur* et lui abandonnant ses biens ; car l'autorité du seigneur ne s'étendait sur le justiciable qu'autant qu'il en était *couchant et levant* sur les terres de son seigneur. Ainsi, la conjecture de Berroyer et Laurière sur la justice des seigneurs et contre la maxime que fief et justice n'ont rien de commun, ne me paraît pas bien fondée ; la justice ayant toujours été attachée à quelques fiefs, quoiqu'il eût des fiefs sans justice.

« Guichenon, dans son *Histoire de Bresse*, parle du conseil souverain des sires de Baugé. Collet prétend que ces princes n'en avaient jamais eu, et que le pouvoir de juger résidait ordinairement, en ce temps-ci, dans une seule personne, et que les conseils ne furent établis qu'environ l'an 1420 ou 1430. Mais nos princes députaient presque toujours plusieurs personnes pour juger les appellations, surtout dans les grandes affaires.

XL.

Item est declaratum quod si sint tres fratres et unus ex ipsis vel duo decedant, quod alii fratres qui succederent, seu intrabunt in hereditate aliorum, teneantur ad recognicionem solvendam domino suo, nonobstante divisione facta per eosdem, vel non facta infra quadraginta dies ; et si defecerint in premissis infra dictum tempus, quod res sint commisse domino, secundum consuetudines Dombarum ; et si sint tres fratres vel sorores tailliabiles et non sint divisi, quod ipsorum nichil petere possit dominus, hereditate ipsa ratione manus mortue.

« L'article quarante décide que s'il y a plusieurs frères, et qu'un ou deux viennent à décéder, les autres frères, qui prendront sa succession, seront obligés de payer la reconnaissance ; c'est-à-dire le double cens et servis, comme nous l'avons expliqué, soit que les biens eussent été divisés ou non ; et s'ils ne la payaient dans quarante jours, les fonds de leurs frères étaient confisqués au profit du seigneur ; mais si ces frères étaient taillables et que leurs biens ne fussent pas divisés, le seigneur ne leur pouvait rien demander pour le droit de main-morte.

XLI.

Item est declaratum quod si aliquis tenementarius vel tailliabilis, debeat servicium alicui, videlicet duodecim denarios vel.... aut numus, et dictus homo vel tenementarius cessceret in solucione dicti servicii de duobus, tribus aut quatuor denariis et cellet et non revellet dictum servicium de tribus annis, in illo casu, dictus tenementarius vel homo commicterit rem domino in tantum in quantum cesset in solutionem servicii cellati et non revellati. — Ita est. HUGO CHAPUYS.

« L'article quarante-un veut que si un tenancier ou un taillable doit un cens ou servis de douze deniers, par exemple, et qu'il manque à en payer deux, trois ou quatre deniers, en cachant une partie de ce servis, sans déclarer et payer le tout au seigneur pendant trois ans; qu'en ce cas, ce tenancier ou cet homme taillable perdra une partie de son fonds, à proportion du servis qu'il aura voulu faire perdre à son seigneur, en ne le payant point et ne le déclarant pas.

« Il n'y a presque aucun article dans cette coutume plus opposé à *nos maximes*, que celle qui est exprimée dans cet article; car si on le suivait, ce serait à l'emphitéote à instruire son seigneur, au lieu que la máxime constante, dans ce pays, est que c'est au seigneur à l'instruire. Ces anciennes maximes auraient été utiles aux seigneurs et à leurs emphitéotes, si l'on eût toujours eu soin d'exiger les cens et servis tous les ans, et de confisquer les fonds, faute de les payer; car, en ce cas, l'emphitéote payant tous les ans, il savait parfaitement ce qu'il devait; ainsi, il lui était facile de continuer. Mais depuis qu'on a voulu que les cens pussent arrérager de vingt-neuf ans, et que quelques-uns ont voulu, contre nos maximes, qu'ils fussent imprescriptibles, le cens est devenu à charge au seigneur et à l'emphitéote et cause souvent plus de frais et de dépenses par les procès, que de bénéfices au seigneur.

LXII.

Item est declaratum quod............ .non habeant aliquem dominum et si vollent res tail..... quod ipsi solvant ac faciant usagia dictarum tailliabi..... et quod pueri rusticorum prosequantur matrem suam et dominum matris....

« L'article uqarante-deux déclare que si un homme n'a point de seigneur et qu'il veuille avoir des fonds taillables, il paiera et fera les usages des biens taillables, et que les enfants de ces rustiques appartiendront au seigneur de leur mère et suivant sa condition.

« Cet article était fait à l'avantage des seigneurs et était contraire à la liberté des paysans; mais les seigneurs ne s'étaient pas assemblés pour faire des déclarations qui leur fussent désavantageuses. Je crois que la manière d'acquérir des fonds taillable dans cet article, était lorsque l'homme franc les acquérait en se mariant à une femme taillable, et alors on voulait que les enfants suivissent la condition taillable de leur mère, et non la condition libre du père.

« Vilon, avoué de Saint-Bénigne de Dijon, eut un procès avec Robert, vicomte, pour quelques enfants d'une esclave de Saint-Bénigne et d'un serf du vicomte, dont les enfants étaient nés dans la justice de la terre de Longrie; le vicomte abandonna ces enfants à Saint-Bénigne; ainsi il reconnut qu'ils devaient suivre la condition de la mère, ce qui était conforme à notre coutume.

XLIII.

Item est declaratum..... homo tailliabilis cujuscumque condicionis existat..... it nec debeat facere filium suum clericum, aut permiti facere, nisi de de voluntate domini sui, nec homo franchus illud idem ; et si faceret, in illo casu dominus suus haberet manum mortuam (1). — Ita est. HUGO CHAPUYS.

« L'article dernier déclare qu'un homme taillable, de quelque condition qu'il soit, ne peut ni ne doit faire son fils clerc ou prêtre, ni permettre qu'on le fasse, si ce n'est de la volonté de son sei-

(1) Nous avons expliqué, sous l'article 15, ce que c'était que le taillable. Nous avons dit qu'il y avait deux sortes de taillabilité. L'une qui affectait la personne et sa postérité, dont l'effet consistait en ce que le taillable qui mourrait sans enfant, délaissait tous ses biens, meubles et immeubles, francs, taillables et autres, à son seigneur, sans qu'il en put tester, et sans que ses parents pussent les recueillir par voie de succession AB INTESTAT... C'est ce qu'on nommait la taillabilité PERSONNELLE. L'autre taillabilité s'appellait RÉELLE; elle se contractait lorsque l'homme libre allait habiter un MAS où le seigneur avait le droit d'imposer la condition de taillable à ceux qui y demeuraient pendant l'an et jour. TERRA EST, QUI DEVORAT HABITATORES SUOS.

Nous avons également dit que le taillable était l'homme de poursuite; en sorte que son seigneur avait le droit de le répéter partout où il pouvait aller. L'enfant suivait toujours la condition du père. Ceci explique tout naturellement comment un homme taillable ne pouvait faire son fils CLERC, sans le consentement de son seigneur, parceque la prêtrise avait pour effet de rendre libre quiconque en était investi. PROPTER DIGNITATEM SACRI MINISTERII.

Aussi était-il reçu que si un évêque avait ordonné prêtre un serf ou un taillable, contre la volonté du seigneur, ce serf ou ce taillable n'en étaient pas moins libres, mais qu'alors l'évêque était tenu de dédommager le seigneur. Ainsi le dit Beaumanoir. « Il loist bien au seigneur que se ses hons de cors devient clercs, que il se trace à l'evesque, et qu'il i requierd qu'il ne li face pas coronere (tonsurer) ; et s'il li a fete, qu'il i oste : et li evesque y est tenus. Mais que ce soit avant qu'il ait grengnor ordre, car s'il atent tant qu'il ait grengnor ordre, il demorrait en état de franchise. Et se li evesques fit mon cerf clerc, contre me volonté, j'ai action contre celi de demander mon damace, de tant comme il monte à se personne et a ses meubles; car des héritages du clerc, n'est il nule doute qu'il ne les puisse penre et approprier à siens. — (COUTUMES DE BEAUVOISIS. C. 14 et 17, t. II, p. 221). »

L'art. 43 soumet l'homme franc, de même que le taillable, à l'obligation de ne point faire de son fils un clerc, sans le consentement de son seigneur. Evidemment, il s'agit ici du Franc devenu taillable RÉEL, par l'habitation d'an et jour dans un mas ou terre taillable; ce qui se démontre par les derniers mots de l'article, suivant lesquels le seigneur aura la MAIN-MORTE ; ce qui ne peut frapper que le Franc seul qui s'était soumis à la condition de taillabilité.

On peut juger par là que l'état ecclésiastique, tout en imprimant au prêtre la condition d'homme libre, ne l'affranchissait cependant pas des effets de la taillabilité à sa mort, s'il avait reçu les ordres sans le contentement de son seigneur ; VIVIT LIBER, SED MORITUR TAILLIABILIS. Collet, dans ses STATUTS DE BRESSE, p. 27, rapporte un arrêt du Parlement de Dijon, de 1637, qui admit le prieur de Saint-Claude à faire preuve que M. Cathelin Chaumin, curé de Douligneux, était originaire de Lonchamps, au comté de Bourgogne, et fils de Claude Chaumin et de Claire Vincent, native de Loiselette : qu'en ces deux villages tous les habitants étaient de main-morte, et que les religieux étaient en possession de recueillir leur succession.

Il existe à la Mairie de Trévoux un manuscrit d'Aubret divisé en quatre parties : la première traite de l'ORIGINE ET PREUVE DE LA SOUVERAINETÉ DE DOMBES; la seconde, des PRIVILÉGES DU PAYS; la troisième du PARLEMENT ET DES JURIDICTIONS ; enfin, la quatrième des USAGES PARTICULIERS DE LA SOUVERAINETÉ DE DOMBES.

Dans la quatrième et dernière partie, Aubret rappelle naturellement les Coutumes de Dombes, qui s'étendent longuement sur les taillabilités et main-mortes personnelles, fort en usage au XIVe siècle.

« Les taillabilités personnelles, ajoute-t-il, ont presqu'entièrement disparu du pays.

Il est resté des tailles et main-mortes réelles par lesquelles les seigneurs rentrent dans les fonds chargés de cette servitude de main-morte par le décès du propriétaire sans enfants, lorsqu'il a divisé ses biens avec ses frères ou parents, car tandis qu'ils demeurent en communauté et société, ses emphitéotes se succèdent les uns aux autres. Il semble que M. de Chatillon, premier président du Parlement de Dombes, eut eû dessein de faire quelque traité sur les fiefs de cette souveraineté, car il dit, page 101 de son Commentaire sur l'Ordonnance de Dombes, que le nom de ban et arrière-ban a pris sa dénomination du temps de Charlemagne, comme il le fera voir en parlant des fiefs; mais ce traité n'a point paru.

Collet, qui a fait des Commentaires sur les Statuts et usages de Bresse, avait promis de travailler sur les usages de Dombes, mais il ne l'a pas fait. M. Colombet à fait un petit traité des main-mortes qu'il dédia en 1578 au Parlement de Dombes ; il en aurait mieux parlé s'il eut consulté les Coutumes de Dombes de 1325, qui sont dans les archives de son Altesse Sérénissime à Trévoux, et qui y étaient dans le temps où il écrivait. »

gneur, et il dit que cela est aussi défendu à l'homme franc (supposé, à ce que je crois, que cet homme franc fût justiciable du seigneur); il dit, de plus, que si ces hommes y contreviennent, le seigneur aurait dès-lors la main-morte sur eux.

« Les défenses que les seigneurs faisaient dans cet article étaient faites parce que les taillables et les hommes francs devaient les servir à la guerre, contribuer à leurs avantages par leurs biens et leurs travaux ; ainsi, les seigneurs avaient intérêt que tous leurs hommes multipliassent ; c'est pourquoi ils voulaient être maîtres de leur faire grâce, comme nous l'avons vu ci-dessus. Ces défenses qui, dans presque toute la France, ne permettaient pas aux hommes francs ou taillables de se faire ecclésiastiques, faisaient qu'il n'y avait presque que des gentilshommes qui fussent ecclésiastiques; elles ont été cause qu'il y a plusieurs chapitres qui n'ont voulu recevoir que des gentilshommes au nombre de leurs chanoines, et d'autres n'y ont voulu qu'une haute noblesse et de plusieurs races paternelles et maternelles, pour se distinguer des chapitres qui ne recevaient que des nobles, quoique je ne crois pas que les seigneurs de ce pays aient joui de tous les droits qu'ils s'attribuaient pour cette coutume; cependant elle nous donne une idée de leurs prétentions.

Une très-ancienne copie de ces coutumes ayant été conservée dans les archives du souverain, nous avons cru la devoir rapporter ici et y faire nos réflexions, croyant que ces coutumes pourront être utiles et qu'elles pourront faire plaisir aux curieux de l'antiquité. Il y a quelques articles si mal écrits, que quelques soins que nous ayons pris à les lire et à en méditer le sens, nous pourrions nous y être trompé; le copiste de cet ancien titre aurait aussi pu errer et nous jeter nous-mêmes dans l'erreur. »

Imprimé en France
FROC021218220120
23240FR00018B/427/P

9 782329 355061